Otto von Wallpach

Maximilian Joseph von Tarnoczy

Otto von Wallpach

Maximilian Joseph von Tarnoczy

ISBN/EAN: 9783743387195

Hergestellt in Europa, USA, Kanada, Australien, Japan

Cover: Foto ©ninafisch / pixelio.de

Otto von Wallpach

Maximilian Joseph von Tarnoczy

Der Episcopat der Gegenwart
in Lebensbildern dargestellt.

Maximilian Joseph von Tarnóczy,

Cardinal und Fürst-Erzbischof von Salzburg.

Von

Otto von Wallpach.

Leo Woerl'sche Buch- und kirchl. Kunstverlagshandlung

Würzburg   1882   Wien.
1. Spiegelgasse 12.

Vorwort.

Die Absicht, welche dem Verfasser des vorliegenden kurzen Lebensbildes vor Augen schwebte, läßt sich kurz dahin bezeichnen: er wollte dem Danke der Erzdiöcese an den Hochseligen Cardinal und Fürsterzbischof Maximilian Joseph für dessen fünfundzwanzigjähriges, treues und aufopferndes Wirken in einigen schlichten Worten Ausdruck verleihen, die Erinnerung an Hochselben in den Herzen der Priester und Gläubigen lebendig erhalten und zum Gebete für Ihn auch fernerhin auffordern, da, wie der Hochselige in seinem ersten Hirtenschreiben mit dem heil. Augustin sagt: „nichts in der Welt so schwer, nichts so gefahrbringend, nichts „so mühevoll sei, als das Amt eines Bischofes."

Möge man diese gute Tendenz des Verfassers bei Lesung folgender Zeilen nicht aus dem Auge verlieren und die Mängel und Unvollkommenheiten dieser ersten schriftstellerischen Arbeit des Unterzeichneten nicht zu strenge rügen, sondern auf seinen guten Willen sehen, mit welchem er die oben ausgesprochenen Absichten einigermaßen zu erreichen bestrebt war.

Salzburg, am 15. August 1876.

Otto von Wallpach,
Subcustos an der Domkirche zu Salzburg.

Maximilian Joseph von Tarnóczy

wurde am 24. Oktober 1806 zu Schwaz, einem kleinen, aber reizend an einem Bergabhange sich hinlehnenden Städtchen im Unterinnthale Tirols geboren.

Seine Eltern waren Franz Xav. von Tarnóczy, 1756 zu Güns in Ungarn geboren, Taxamtsdirektor in Innsbruck und Katharina, geborne von Sprinzenberg.

Schon in früher Jugend zeigten sich an ihm außergewöhnliche Geistesgaben, welche Tieferblickende seine nachmalige Tüchtigkeit ahnen ließ.

Nachdem er am Gymnasium zu Innsbruck die vorbereitenden Studien vollendet hatte, wurde er 1824 in das f. e. Alumnat dahier aufgenommen (unter Director Stoff und Spiritual Laiminger), und wurde als Alumnus im vierten theol. Curse als Katechet in Bürglstein verwendet, da er binnen kurzer Zeit durch seine besondere Strebsamkeit und unermüdeten Fleiß sich hervorgethan hatte.

Nach Ablauf der vier theologischen Jahrgänge war Maximilian Joseph jedoch noch nicht in dem Alter, die heil. Priesterweihe empfangen zu können, und benützte daher die Zwischenzeit zum Studium des Doctorates der Theologie im Frintaneum zu Wien. Erst am 25. Oktober 1829 hatte er das langersehnte Glück, vom Hochseligen Erzbischofe Augustin Gruber mit der priesterlichen

Würde bekleidet zu werden. Sein erstes heil. Meßopfer brachte er Gott dar in der Jesuitenkirche zu Innsbruck, die Predigt hielt Professor (später Stadtdechant) Weber von Innsbruck.

Erzbischof Augustin Gruber, welcher einen sehr regen und innigen Verkehr mit seinen Alumnen unterhielt, erkannte die Talente des jungen Priesters v. Tarnóczy und sandte ihn deßhalb in das höhere Bildungsinstitut zum heil. Augustin nach Wien, wo der strebsame Geist Maximilians die reichste Gelegenheit fand, seine Anlagen allseitig auszubilden und jenes gründliche theologische Wissen, besonders in der Dogmatik sich anzueignen, wovon hernach seine Vorträge als Professor zeugten. Dort gewann v. Tarnóczy durch den Umgang mit den vorzüglichsten Geistesmännern der damaligen Zeit auch die Frische und Lebendigkeit seines Wissens, die man aus den todten Büchern niemals schöpfen wird. Für gelehrte Männer hatte deßhalb der Hochselige besondere Achtung und Liebe. Gerne erzählte er, wie es ihm gelang, den P. Theiner und Döllinger zu dem General der Jesuiten P. Bex zu führen und eine längere, sehr interessante Besprechung zu veranlassen. Den Grad der theologischen Doctorswürde erhielt er am 14. März 1832.

Nach Salzburg zurückgekehrt, bekleidete der junge Priester einige Zeit das Amt eines Subregens im f. e. Priesterseminare. Als die hiesige Lehrkanzel der Dogmatik erledigt worden war, bewarb er sich auf Wunsch seines Oberhirten um dieselbe und wurde denn auch im Jahre 1832 von Sr. Maj. Kaiser Franz Joseph I. als k. k. ordentlicher Professor der Dogmatik ernannt.

Was Maximilian Joseph von Tarnoczy als Professor geleistet, welches Leben, welche Klarheit und welch' ächt religiöser Geist seine Vorträge durchleuchteten und wie er es vor Allem verstand, durch anregende Colloquien bei den Theologen Interesse und Liebe für den ernsten Gegenstand zu wecken, das bezeugen die vielen Priester unserer Erzdiöcese, die in dem Hochwürdigsten ihren ehemaligen Lehrer zu verehren das Glück genossen haben; dafür spricht die Achtung, in welcher v. Tarnóczy bei seinen ehemaligen Herren Collegen stand, welche Achtung wegen der bekannten Bescheidenheit des Mannes durchgehends mit Vertrauen und Liebe gepaart war; dafür spricht endlich das Zeugniß Sr. Eminenz des Cardinals Fürst Schwarzenberg, der den ausgezeichneten Professor zur Anerkennung seiner vielen Ver=

dienste um das Lehramt während 12 voller Jahre in das hierortige Domcapitel eingereiht wissen wollte, was denn auch am 1. Jänner 1844 in Wirklichkeit erfolgte. Domcapitular v. Tarnóczy docirte aber noch fort bis Ende des Schuljahres 1843/44 und wurde hierauf zum Director des theolog. Studiums ernannt, welches Amt er bis Okt. 1848 inne hatte. Als Domcapitular wurde von Tarnóczy von Sr. Eminenz mit den höchsten kirchlichen Angelegenheiten betraut, und war, nachdem er schon als Professor den Fürsten nach Rom begleitet hatte, bei allen wichtigen Reisen der beständige Gefährte des Cardinals.

So kam das Jahr 1850, welches für die Erzdiöcese von so großer Bedeutsamkeit werden sollte. Seine apostolische Majestät Kaiser Franz Joseph I. ernannte den Cardinal Friedrich Fürst zu Schwarzenberg, den erlauchten Vorfahrer des Verewigten zum Fürsterzbischofe von Prag, wohin sich Hochderselbe am 8. August 1850 unter großer Trauer und Theilnahme seiner früheren Heerde begab.

Noch dasselbe Jahr 1850 schenkte der verwaisten Erzdiöcese einen neuen Oberhirten und zwar am 24. Oktober als Wahltag, in der Person des Domcapitulars Maximilian Joseph von Tarnóczy, welcher mit Stimmenmehrheit gewählt wurde.

In seinem ersten Hirtenschreiben d. d. 2. Juni 1851 spricht Maximilian Joseph bezüglich seiner Erwählung: „Wen aber hat wohl der herbe Schlag," (den die Transferirung des Cardinals Fürst Schwarzenberg nach Prag verursachte,) „schwerer getroffen, als „eben mich, der ich überdies ohne all' mein Verdienst wie gegen „meinen Willen berufen ward, in die Stelle des Unersetzlichen „einzutreten, die volle Last der Verantwortlichkeit, die Er getragen, „auf meine schwachen Schultern zu nehmen, und mit ungeübter „Hand das Steuer zu ergreifen, das die Seinige mit Meister=
„schaft, aber auch — nur mit großem Kraftaufwande durch die „brandenden Wogen führte. Ihr begreift leicht, wie ein solcher „Ruf mir Herz und Mark durchschneiden mußte; war doch der „Verlust zu groß, der zu ersetzen, und die Aufgabe zu hoch, die „da zu lösen ist."

„Darum war ich so weit entfernt davon, nach einer so „erhabenen, aber dabei so gefahrvollen Würde Verlangen zu tragen, „daß ich vielmehr nichts unversucht ließ, dieselbe von mir wo

„möglich abzuwenden; doch es war umsonst; ich suchte in der
„Angst meines Herzens nach einem Auswege; es war vergebens.
„Ich mußte endlich wie Moses den ernstlichen Ruf des Herrn
„erkennen und glauben, daß derselbe auch hier, wie gar oft
„das Schwache und Niedrige ausersehen habe — da=
„mit kein Sterblicher sich vor ihm rühmen kann."
(Is. 55. 8.)

So wurde denn der Neugewählte unter Kanonendonner und dem Geläute der Glocken vom k. k. Wahl=Kommissär Statthalter Graf Herberstein in den Dom geleitet. Stadt und Land, Clerus und Volk waren zahlreich vertreten und Alles freute sich von Herzen.

Am 17. Febr. 1851 wurde der Erwählte vom Papste Pius IX. confirmirt, am 1. Juni von Sr. Eminenz Friedrich Fürsten zu Schwarzenberg unter Assistenz der Fürstbischöfe Joh. v. Tschiderer von Trient, Anton Martin Slomschek von Lavant, Othmar Ritter v. Rauscher von Seckau und des Weihbischofes von Salzburg Balthasar Schitter consecrirt, am 2. Juni mit dem erzbischöflichen Pallium bekleidet und feierlich inthronisirt.

So begann denn Maximilian Joseph unter Gottes Schutz sein erzbischöfliches Wirken und führte den Hirtenstab des hl. Rupertus durch volle 25 Jahre. Was der verblichene hohe Kirchen= fürst in dieser langen Zeit seiner Erzdiöcese Alles geleistet, das weiß der Allerhöchste.

Maximilian Joseph hielt seine Heerde vor Allem in festem Anschlusse mit Rom, da er zu tief durchdrungen war von der Ueberzeugung, daß nur durch solche Einigung die wahre Einheit des Glaubens in den einzelnen Diöcesen aufrecht erhalten werden könnte. Diese Verbindung mit Rom nährte Maximilian Joseph vor= erst durch seine Romreisen, deren er fünf unternahm, nemlich im Jahre 1857, auf welcher er den Hochwürdigsten Herrn Fürst= bischof Gasser von Brixen weihte, dann 1862 zur Heiligsprechungs= Feier der japanesischen Martyrer, sodann im Jahre 1867 zur achtzehnhundertjährigen Säcularfeier des Martyriums der Apostel= fürsten Petri und Pauli, endlich im Jahre 1869 verließ er seine Heerde am 18. November, um dem Rufe des Papstes zum all= gemeinen Concilium Folge zu leisten und zum letzten Male zog er in die Weltstadt im Jahre 1874, um im päpstlichen Con=

sistorium am 5. Mai aus der Hand Sr. Heiligkeit Pius IX. den Cardinalsring zu empfangen und von der als Cardinal ihm zugewiesenen Kirche S. Maria in Ara Coeli feierlich Besitz zu ergreifen, welcher Akt am 14. Mai im Chore des genannten Gotteshauses in Gegenwart des gesammten dortigen Franciscaner-Conventes sich vollzog.

Die Romfahrten waren nun gewiß keine Erholungsreisen, sondern Pflicht und Liebe zum hl. Vater drängten dazu, und Maximilian Joseph unternahm sie trotz ihrer Mühsale um des geistigen Nutzens seiner Heerde willen. In seinem Hirtenschreiben vom 2. Juni 1867 vor seiner Abreise nach Rom spricht er ausdrücklich von den Gefahren und Beschwerden einer solchen Reise, namentlich bei vorgerücktem Alter und solchen Unruhen, wie sie in Italien herrschten. Maximilian Joseph wußte, daß die Einheit und Festigkeit des Glaubens durch kein Opfer zu theuer erkauft sei, und als solches muß ganz besonders seine Anwesenheit bei dem vaticanischen Concilium angesehen werden, wo er nicht nur so viel des Gewohnten entbehren mußte, auch durch die Arbeiten für das Concil sehr in Anspruch genommen war, sondern gegen Ende des Conciliums nicht unbedeutenden Gefahren für seine Gesundheit sich ausgesetzt sah. Da gab Maximilian Joseph denn auch Zeugenschaft von seinem Glauben und der Festigkeit seines Muthes. Denn obwohl er schon als Professor überzeugter Infallibilist war und es immer blieb, war er doch der Meinung, es sei inopportun, diese Glaubenslehre gerade jetzt feierlich zu promulgiren. So schön hieraus die Offenheit seines Charakters spricht, ebenso schön zeigte sich auch sein Glaube und die Demuth seines Herzens, indem er in der Schlußsitzung des Conciliums mit der vollsten Ueberzeugung, die er in Bezug auf diese Lehre immer in sich trug, sein Placet abgab, und hiedurch seiner ganzen Diöcese, vorab dem Clerus das herrlichste Beispiel darbot, dem er folgen sollte.

Dafür hatte der Oberhirt aber auch die hohe Befriedigung, daß die Erzdiöcese von jenen Wirren verschont blieb, wie sie anderswo wegen der Infallibilitäts-Lehre herrschten; die Opfer und der Gehorsam des Hirten gereichten zum Segen der Heerde. Von der aufrichtigen und innigen Liebe des Verewigten zum heil. Vater zeugen seine vielen Hirtenschreiben aus Anlaß freudiger und trauriger Ereignisse in dem Leben Pius IX., dessen Bedrängnisse in etwas zu erleichtern

Maximilian Joseph ohne Verzug die St. Michaels-Bruderschaft empfahl. Es verdient hier bemerkt zu werden, wie die kleine Erzdiöcese Salzburg in dieser Hinsicht so bedeutende Opfer brachte, daß sie unter vielen anderen Diöcesen hervorragte und die Zahl ihrer Mitglieder von Jahr zu Jahr zunahm zur Freude des Hirten.

Mit der Verehrung gegen das Oberhaupt der Kirche verstand Fürsterzbischof Maximilian sehr gut auch die Achtung vor der obersten Staatsgewalt zu verbinden. Festhaltend an dem Worte der hl. Schrift: „Gebet dem Kaiser, was des Kaisers ist, „und Gott, was Gottes ist," wußte er, — diesen Gedanken in richtiger Mitte verstehend und ausübend — während seines langen Regimentes, unter den schwierigsten Zeitverhältnissen in seiner Erzdiöcese den ungetrübtesten Frieden zu erhalten. Er that, was möglich war, seine ihm anvertraute Kirche vor Schaden zu bewahren und ihre Rechte zu schützen, er ermahnte den Clerus zu eifrigerer Sorgfalt und Wachsamkeit, besonders in der Schule, das Volk zu inbrünstigerem Gebete und echt christlicher KinderErziehung, er selbst wich vielen Anstößen aus durch weithin sehende Klugheit, besonders in der kirchlichen Ehegerichtsbarkeit, durch allseitige Umsicht und feinen Takt, und hoffte das Uebrige von dem Lenker des Weltalls.

Dem Monarchen insbesondere war Fürsterzbischof Maximilian treu ergeben und stand zu ihm in Freud und Leid.

Als Seine Majestät unser glorreich-regierender Kaiser am 20. März 1853 von der Mörderhand eines Verruchten durch Gottes Schutz war errettet worden, brachte Maximilian Joseph Gott dem Allmächtigen das Dankesopfer für Abwehr jener Unthat in seinem Dome dar und lud Clerus und Volk in einem Hirtenschreiben zu Beiträgen für Erbauung der nun bald ganz vollendeten Votivkirche in Wien ein, welche ein beständiges Denkmal der Liebe des Volkes Oesterreichs zu seinem Fürsten sein wird.

In den Kriegsjahren 1859 und 1866 flehte Maximilian zu Gott um den Schutz des Reiches, ermunterte in Hirtenschreiben seine Heerde zum Gebete und Spendung milder Gaben jeder Art für die gefangenen und verwundeten Soldaten, empfahl Bittgänge, ordnete 1866 auch in Salzburg einen Bittgang nach Maria Plain an und er selbst brachte bedeutende Opfer zur

Linderung der Noth der armen Verwundeten und anderer von der Geißel des Krieges betroffenen Unglücklichen.

Große Freude empfand hinwieder das Herz des Oberhirten, als er das zwischen unserem allergnädigsten Kaiser Franz Joseph I. und dem Oberhaupte der Kirche 1855 glücklich abgeschlossene Concordat unter dem 4. December desselben Jahres seinem Clerus kundmachen konnte und er fühlte sich der Majestät hiedurch nur noch mehr zur Dankbarkeit verbunden.

Ein eigenes Hirtenschreiben erließ Maximilian Joseph bei Gelegenheit der 500jährigen Säcularfeier der Vereinigung der gefürsteten Grafschaft Tirol mit Oesterreich am 29. Septbr. 1863 und ordnete auf diesen Tag die Abhaltung von feierlichen Gottesdiensten an.

Da der Hochselige Oberhirt am besten wußte, wie sehr die kaiserliche Güte für die Erzbiöcese anläßlich verschiedener Unglücksfälle in Anspruch genommen war, wie viele Gnaden ferner durch die Hand der Höchstseligen Kaiserin Carolina Augusta während ihres Sommeraufenthaltes in Salzburg durch eine Reihe von Jahren an Kirchen und Klöster, sowie an Arme und Hülfsbedürftige jeder Art erflossen, — nicht zu gedenken der Wohlthaten von Seite anderer erlauchter Mitglieder des allerhöchsten Kaiserhauses — und da endlich der Hochselige in besonderer Weise das Vertrauen des Monarchen zu genießen die hohe Gnade hatte, so war ihm der 2. December des Jahres 1873, an welchem Tage das 25jährige Regierungsjubiläum Seiner apostolischen Majestät Franz Joseph I. begangen wurde, ein willkommener Anlaß, dem erlauchten Monarchen seinen tiefgefühlten Dank auszusprechen und an allen Seelsorgsstationen feierlichen Gottesdienst anzuordnen, um von Gott den ferneren Schutz des Regenten zu erflehen.

Nachdem auf diese Weise Maximilian Joseph gegen die höchste geistliche und weltliche Obrigkeit seine Pflichten erfüllt und hiedurch seiner Erzdiöcese starke Grundlagen gegeben hatte, war er bemüht, auch als Metropolit seines Amtes treulich zu walten. Wie Fürstbischof Stepischnegg von Lavant in seiner Trauerrede über den Hochseligen am 8. April 1876 hervorhob, war es ein spezielles Verdienst Maximilian Josephs, daß er im Jahre 1859 eine neue zweckentsprechende Eintheilung und Begrenzung der Diöcesen Steiermarks und Kärnthens veranlaßte, indem z. B. das Bisthum Gurk noch den letzten Antheil von Kärnthen erhielt, welcher bis dahin zur Diöcese Lavant gehört hatte, und Seckau ein rein deutsches Bisthum wurde. Seinen Suffraganen war er ein Vater und Rathgeber, bereit zu helfen, wie er immer konnte. Zweimal hielt Maximilian Joseph mit seinen Suffraganen Berathungen, nemlich im November 1870 in Salzburg und im Oktober 1874 in Innsbruck, sowie er mit ihnen auch an den bischöflichen Conferenzen in Wien den regsten Antheil nahm. Unter seine Regierung fallen folgende B e s e t z u n g e n e r l e d i g t e r S u f f r a g a n - B i s t h ü m e r.

An die Stelle des auf den erzbischöflichen Stuhl von Wien beförderten Fürstbischofes Joseph Othmar Ritter von Rauscher von Seckau ernannte er Ottocar Maria, Grafen von Attems am 10. Sept. 1853 zum Fürstbischofe für diesen Stuhl, confirmirte ihn am 5. und consecrirte ihn am 6. November desselben Jahres. Als dieser am 12. April 1867 starb, ernannte er für den erledigten Stuhl von Seckau den Hochwürdigsten Herrn J o h a n n B. Z w e r g e r als Fürstbischof am 14. August 1867, confirmirte Hochselben am 12. und consecrirte ihn am 13. Oktober 1867.

Als das Bisthum G u r k durch den am 23. Juli 1858 erfolgten Tod Adalbert Lidmansky's erlediget war, ernannte er am 30. Oktober 1858 den Domcapitular am hiesigen Metropolitan-Kapitel, den Hochwürdigsten Herrn Dr. V a l e n t i n W i e r y zum Fürstbischofe für Gurk, confirmirte Hochselben am 20. und consecrirte ihn am 21. November 1858.

Durch den Tod des Fürstbischofes Anton Martin Slomschek am 24. Septbr. 1862 wurde der Stuhl von Lavant erledigt; Maximilian Joseph ernannte daher den Hochwürdigsten Herrn J a c o b M a x i m i l i a n S t e p i s c h n e g g zum Fürstbischofe daselbst am 21. December 1862, confirmirte Hochselben am 17. und consecrirte ihn am 18. Jänner 1863.

Bei Besetzung dieser drei Bisthümer hatte also Maximilian Joseph seine volle Metropolitan-Gewalt in Anwendung gebracht.

Ferner wurde unter Seiner Regierung nach dem Tode des Fürstbischofes von T r i e n t Joh. Nep. Tschiderer († 3. Dec. 1860) vom Papste für diesen Stuhl ernannt der Hochwürdigste Herr B e n e d i c t R i c c a b o n a v o n R e i c h e n f e l s und dadurch Suffragan-Bischof des Metropoliten Maximilian Joseph.

Die Weihe des Suffragan-Fürstbischofes v. Brixen, des Hochwürdigsten Herrn Vincenz Gasser (am 8. März 1857) nach Erledigung des dortiges Stuhles durch den Tod des Fürstbischofes Bernard Galura (am 17. Mai 1856) wurde oben berührt.

Ferner weihte er den zum Bischofe von Paneas (i. p. i.) ernannten Dr. Rupert Mayr, Weihbischof und Suffragan von Salzburg daselbst am 14. Novbr. 1869. Nach dessen Tode am 27. Juli 1873 consecrirte er den neuernannten Hochwürdigsten Suffragan und Weihbischof, Bischof von Tenedos (i. p. i.) Dr. Johann Jacob Della Bona am 14. Juni 1874 im hiesigen Dome.

Endlich consecrirte er am 4. Oktober 1874 den vom Papste zum Bischofe von Abra (i. p. i.) und Bischof-Coadjutor von Trient ernannten Hochwürdigsten Herrn Johann Ev. Haller.

Diesen bischöflichen Consecrationen werden hier am füglichsten angeschlossen die Benedictionen: des Hochwürdigen Herrn Dr. Albert Eder, Abtes des Benedictiner-Ordensstiftes St. Peter in Salzburg (nunmehrigen Nachfolgers Maximilian Josephs auf dem erzbischöfl. Stuhle von Salzburg) am 15. Februar 1857, und des Hochwürdigen Herrn Nicolaus Thalhammer, Abtes des Benedictiner-Ordens-Stiftes Michaelbeuern am 15. Februar 1857. Ferner die Benedictionen: der Hochwürdigen Frau M. Adelgundis Thalmann am 17. Februar 1857, und der Hochwürdigen Frau Michaëla Ottilia Müller am 6. November 1864, beider Abtissinnen des adeligen Benedictiner-Frauen-Stiftes Nonnberg in Salzburg.

Maximilian Josephs Thätigkeit als Bischof anlangend, war die Regierung der Erzdiöcese seine ununterbrochene Sorge, der er all sein Augenmerk zuwandte, alle seine Kräfte widmete. Er erschien regelmäßig in Mitte seines Consistoriums, lenkte seinen umsichtigen Blick auf Alles, arbeitete unverdrossen und nahm ohne Rücksicht auf seine Gesundheit die anstrengendsten geistigen und körperlichen Arbeiten noch in den letzten Jahren seines Lebens selbst vor, obwohl man Hochdemselben um Schonung seiner angegriffenen Gesundheit willen dagegen Vorstellungen zu machen sich erlaubte.

Seine Hauptsorgfalt wandte er seinem geliebten Clerus zu, indem er für Heranbildung, weitere Ausbildung und Befestigung der Kenntnisse desselben, für das religiöse Leben, für dessen äußeres

Ansehen und Verbesserung seiner materiellen Lage das Möglichste vorkehrte.

Das f. e. Knaben = Seminar, die Pflanzstätte des Clerus, war einer der liebsten Aufenthaltsorte des Verewigten, allwo er sich wie ein Vater fühlte und noch am Tage seiner Jubelfeier, 24. Oktober 1875, zum letzten Male sich einfand und recht heiter gestimmt war. Zu öfteren Malen ermunterte er den Clerus, geeignete Zöglinge für das Borromäum zu suchen, die Gläubigen anzuhalten zu Beiträgen für dieses auch ihrem Interesse so sehr dienende Institut, und selbst hierin mit gutem Beispiele voran zu leuchten. Ein harter Schlag traf den Hochseligen durch den Tod Ihrer Majestät der Kaiserin Carolina Augusta, welche Ihre milde Hand in ganz besonderer Weise über dem Knaben= seminare offen hielt und noch eindringlicher wurden in Folge dessen seine Bitten an den Clerus und die Gemeinden der Erz= diöcese und sie waren keineswegs vergebens. Der Oberhirt selbst spendete unermüdet der Anstalt die größten Wohlthaten und war in jeder Weise auf ihr Gedeihen, besonders die Pflege des Unter= richtes anlangend bedacht, weshalb er auch denselben einer be= deutenden Reform unterziehen ließ. In der schönen Kapelle des Seminars pflegte er mit Vorliebe heilige Weihen zu ertheilen und ließ darin auch die Priester=Exercitien abhalten.

Ließ sich der Hochselige Oberhirt schon die Sorge um ge= nügenden Nachwuchs des Clerus so sehr angelegen sein, so war dieselbe wenn möglich noch größer in Beziehung auf die all= seitige Tüchtigkeit des Clerus selbst. Vor Allem drang er auf untadelhaften Wandel und fleißigstes, ernstes, wahres Studium.

Welcher Priester gedenkt da nicht jener erhebenden, wahrhaft apostolischen Aufsprachen des Hochwürdigsten Ordinarius vor dem Empfange der höheren heiligen Weihen, jener Ansprachen, in denen der Oberhirt in so bewegter und eindringlicher Weise die Pflichten des priesterlichen Standes beleuchtend, zu einem dem entsprechenden Wandel ermunterte.

Der Oberhirt gestand, daß ihm nichts so schwer auf das Herz falle, als die Sendung der jungen Priester in die Seelsorge wegen der immensen Verantwortung, die da vorzüglich ihn treffe. Diese Verantwortung für sich zu erleichtern, berief er vom Jahre 1852 bis 1873 eilfmal die Priester zu geistlichen Erholungen, zur

Stärkung und Belebung des Eifers in den heil. Exercitien, bei denen der hohe Verstorbene jederzeit selbst anwesend war und zum Schlusse der geistlichen Uebungen Worte voll apostolischer Würde und herzlicher Innigkeit an die Priesterschaar richtete. Auch ein eigenes **Gebet um „gute Priester"** ließ der fromme Hirt vom Jahre 1861 an in allen Seelsorgskirchen der Erzdiöcese verrichten, um so auch die Gemeinden Hochschätzung des priesterlichen Standes zu lehren und sich guter Priester würdig zu machen.

Außer wahrhaft priesterlichem Leben forderte **Maximilian Joseph** von seinem Clerus auch gründliches Studium, eifrige **Pflege der Wissenschaft.** Deshalb drang er strenge auf den Besuch der Pastoral-Konferenzen, welche er bis zum Jahre 1858 jährlich zweimal, von da an wegen zu großer Schwierigkeit einer jährlich zweimaligen zahlreicheren Betheiligung der Priester einmal abzuhalten anordnete. Halbes, oberflächliches Wissen, gedankenloses Auswendiglernen war ihm ein Gräuel und er betonte oft, daß man mit seichtem Wissen heutzutage nirgends mehr, selbst nicht in dem abgelegensten Posten der Erzdiöcese ausreiche. Besonders streng nahm er es mit dem katechetischen Unterrichte in den Schulen, forderte in den Predigten strenge Logik, drang besonders auf katechetische Predigten und auf die gewissenhafte Abhaltung der s. g. Hauslehren. So oft es ihm nur möglich war, fand er sich bei den Prüfungen der Theologen ein und zeigte sich überhaupt als Freund und Gönner jeder echten Wissenschaft, welche er selbst immer treu pflegte. Er sah vorzüglich auf **geordnetes** Wissen und öfters blieb er auf seinen Spaziergängen vor einem großen, schön gewachsenen Baume stehen, und sprach über die Schönheit eines **organischen Ganzen**, das uns die Natur überall darstelle, das sich auch in jeder Wissenschaft wie im Leben des Einzelnen finden soll. Er liebte es sehr, wenn ihm wissenschaftliche Fragen vorgelegt wurden und pflegte bei den Vorträgen vor der Ordination zu fragen, ob nicht einer der zu Ordinirenden über irgend eine dogmatische oder moralische Frage eine Besprechung wünsche, die er dann mit großer Klarheit durchführte.

Aber auch auf die Verbesserung der **materiellen Lage** und Beförderung des Ansehens des Clerus war Maximilian Joseph immerfort bedacht.

So hob er behufs des endlichen Abschlusses der schon 1825 begonnenen Stifts-Reorganisation die für den jeweiligen Stifts-propst von Mattsee bestehende, seit 1808 vacant gebliebene, halbe Kanonikal-Präbende auf Grund der Vorschrift des Conciliums von Trient im Jahre 1869 definitiv auf, übertrug jedoch den Titel eines Propstes und die Auszeichnung eines Pectoral-Kreuzes an goldener Kette auf den jeweiligen Stiftsdechant in der Weise, daß künftighin der canonisch gewählte Stiftsvorstand anstatt des bisherigen Titels „Stiftsdechant" den Titel eines „Stiftspropstes" führen sollte. An dem von Cardinal-Fürsterzbischof Maximilian I. (Gandolf) im Jahre 1679 in honorem s. Ruperti errichteten Collegiatstifte zu Seekirchen war Cardinal-Fürst-erzbischof Maximilian II. in weiser Würdigung der neuen Zeit-verhältnisse ein umfassender Restaurator und Reorganisator. Die Restauration an der Stiftskirche mit der monumentalen Ruperti-gruft bezeugt hoch am Bogen vor dem Schiffe der Kirche das Chronographicon:

qVoD eXstrVXerat prIor eCCe
MaX aLter restaVraVIt eLeganter.

Bei Reorganisation des Collegiatstiftes im Jahre 1871 wurde mittelst Eintheilung der Kanoniker in die Kategorien der Canonici »seniores« und »juniores« mit Präcedenz-Rechten der ersteren verdienten Priestern, welchen in ihrem Amte die Kräfte ermatteten, eine anständige Stellung im Collegiatstifte eröffnet, zugleich die Präbenden geordnet und zeitgemäß erhöht.

Mit Seiner oberhirtlichen Bewilligung entstand der treffliche Priesterunterstützungs-Verein, den er auf das kräftigste förderte und welchem er zu immer festerer Basis zu verhelfen bemüht war. Deßhalb gründete er in edler Hochherzigkeit und väterlich fürsorgender Weise zu Unterstützung hilfsbedürftiger Priester im Jahre 1872 den Maximilians-Fond, den er auch noch testamentarisch mit einem Legate bedachte und so Zeugniß gab von seiner bis an das Ende nie ruhenden Liebe zum Clerus, der hiefür die Gefühle des wärmsten Dankes allzeit im Herzen hegen wird.

l. Ueber die Dotations- und Aufbesserungs-Frage des Clerus gab er unter dem 15. April 1872 ein längeres Schreiben an den Clerus zur Berathung hinaus, welches vor Allem die Selbsthilfe betont und geeignete Wege und Mittel hiezu bezeichnet.

Dagegen versagte Maximilian Joseph seine Mitwirkung bezüglich der Betheiligung von Diöcesan-Priestern an der Staatssubvention.

Nicht minder stand dem Herzen des Oberhirten das christliche Volk nahe. Wahrheit und Gnade ihm zu spenden, dasselbe im Glauben zu stärken und echt frommen Wandel zu befestigen, war sein Ziel, dem er alle seine Kräfte zu weihen bis ans Ende seines Lebens nicht ruhte.

In vielen erhebenden Hirtenschreiben belehrte er die Gläubigen eindringlich, klärte sie auf über die Lage der Kirche in jetziger Zeit, warnte vor den Irrlehren der Neuzeit, und mahnte zur Einheit mit sich und dem Oberhaupte der Kirche.

Alle Thäler der Erzdiöcese verkünden laut von seinem Eifer in Spendung der Gnadenmittel auf den apostolischen Wanderungen in den canonischen Visitationen und Firmungsreisen. Die Zahl derer, welche von Fürsterzbischof Maximilian Joseph das hl. Sakrament der Firmung erhielten, beträgt im Ganzen annähernd 80100. Vom August 1851 bis zum Oktober 1874 durchzog er mehr als vierzigmal die Erzdiöcese; mit dem Decanate Zell am Ziller begann er und eben dieses war auch das letzte, wohin er kam. Mit Begeisterung und Liebe ward Maximilian Joseph überall aufgenommen, da der Oberhirt, Beschwerden und Unannehmlichkeiten aller Art nicht scheuend, Allen Alles zu werden bemüht war, liebevoll und herablassend mit jedem verkehrte, Trost und Rath spendete, Hilfe brachte und Gerechtigkeit übte, wo es nöthig war. Der Hochselige äußerte sich selbst einmal über den feierlichen Empfang, den ihm die Gemeinden bei den Visitationen bereiteten, also: „Es ist doch sonderbar, ich muß jeder„mann die Wahrheit und oft die bittere Wahrheit „sagen, und doch kommt man mir überall mit aller „Liebe und Achtung entgegen." Mit lebhaftem Interesse besuchte er die Schulen, predigte voll Salbung das Wort Gottes, spendete die Gnade der hl. Firmung an Unzählige und sah strenge darauf, daß die Vorschriften der Kirche bezüglich des Gotteshauses, der hl. Gefäße und kirchlichen Kleider beobachtet würden. So stärkte und belebte Maximilian II. den Glauben seiner ihm anvertrauten Heerde und brachte hiezu große persönliche Opfer; blos der letzten Visitation im Jahr 1874 zu erwähnen, war es für den greisen, an Athem-Beschwerden leidenden Hirten kein leichtes Opfer, die steilen Wege z. B. nach Brandberg, Gerlos, Hart hinan zu reiten oder zu steigen, aber er liebte ja die Seinen bis ans Ende.

Der Glaube und das religiöse Leben des Volkes wurde ferner angeeifert durch die 144 Missionen, welche von October 1851 bis April 1876 in der Erzdiöcese abgehalten wurden. Jedermann erinnert sich hier an die Tage vom 5. bis 16. April 1862, an denen Maximilian Joseph für die Gläubigen der Stadt in den weiten Hallen seiner Kathedrale eine Mission abhalten ließ, an der sich die Stadtbewohner recht zahlreich betheiligten und entzückt waren über die gediegenen Vorträge der Väter der Gesellschaft Jesu. Zur Erinnerung an diese gnadenreichen Tage ward in der Vorhalle des Domes das Missionskreuz aufgerichtet, welches der Oberhirt selbst weihte.

Alljährlich in der ernsten Fastenzeit ließ der Oberhirt durch die Fastenprediger seinen Ruf an die Gläubigen ergehen zu aufrichtiger Einkehr in ihr Herz und zu eifrigster Benützung der Tage der Buße.

Jedoch nicht blos für die Gläubigen im Allgemeinen zu sorgen war seine Bemühung, sondern der Hochselige kümmerte sich wie ein Vater besonders für die Kinder, er war der studirenden Jugend ein warmer Gönner, es gab keinen menschenfreundlichen Verein, dem er nicht seine Huld zugewandt hätte, für jeden Stand waltete seine Hirtensorgfalt und natürlich vergaß er nicht der Unglücklichen, Armen und Kranken.

Um den Kindern bis zu den Jahren ihres Eintrittes in die Schule ein Asyl zu gewähren, war er eifrigst bestrebt, die durch Schulschwestern vom Regelhause in Hallein geleitete Kleinkinderbewahr-Anstalt zu unterstützen und er konnte sich das Vergnügen nicht versagen, am Christbaumfeste der Kleinen bei der Vertheilung der Geschenke gegenwärtig zu sein und hiedurch alle zu erfreuen.

Besonderes Interesse widmete er den trefflichen Mädchen-Schulen und Instituten des adeligen Benedictiner-Frauen-Stiftes Nonnberg und des Ursulinen-Nonnen-Klosters in der Stadt Salzburg.

Ueberhaupt war der Hochselige ein Freund und Gönner jeder Schule, welche den wahren Fortschritt lehrte.

Noch sei hier erwähnt, daß er, so oft es ihm möglich war, in der Collegiums=Kirche die alljährliche **Kindheit=Jesu= Vereins=Feier** durch seine Anwesenheit verherrlichte, an die Kinder Worte herzlicher Liebe spendete und so den Verein zu neuem Leben anfachte.

Der studirenden Jugend widmete Cardinal Maximilian seine vollste Aufmerksamkeit durch Bestellung von Ordinariats=Commissären, durch Ernennung tüchtiger Religionslehrer, durch Förderung aller Interessen dieser Lehranstalten, vor allem jedoch durch die fortwährenden, namhaften Gaben, welche er in seinem nie ruhenden Wohlthätigkeitssinne dem **Studenten=Unter= stützungsvereine** zufließen ließ, wodurch er sich die Herzen so vieler zu immerwährendem Danke verpflichtet hat.

Da Maximilian Joseph — in vollster Würdigung der jetzigen Zeitlage — wohl wußte, daß nur „viribus unitis" etwas Er= sprießliches zu erreichen sei, so förderte er das **Vereinswesen** in allen seinen vielen Zweigen, in die es sich — den vielerlei materiellen, geistigen, religiösen Bedürfnissen angemessen — ent= faltete, nach seinen Kräften auf das Beste. Es würde zu weit führen, an dieser Stelle alle Verdienste des Hochseligen anzuführen, welche er sich um das Entstehen und die Unterstützung der be= sonders in der Stadt Salzburg wirklich in großer Anzahl be= stehenden Vereine erwarb; ohne diese alle aufzuzählen, sei nur bemerkt, daß er **allen** wohl wollte und je nach der Aufgabe, die sie sich gesteckt, auch bestens unterstützte.

Dies gilt natürlich von den **religiösen** Vereinen der Erz= biöcese in besonderem Grade, namentlich von jenen, welche sich die besondere Pflege der verschiedenen Stände zum Ziele gesetzt hatten. Deshalb billigte er mit Freuden die Einführung der s. g. **Standesbündnisse** für Jünglinge, Jungfrauen, Männer und Weiber, besonders auf dem Lande und ließ auch in der Stadt in den Jahren 1870, 1871, 1873 und 1876 Exercitien für die Frauen in der Borromäums=Kirche abhalten.

Was Seine Eminenz für die **Unglücklichen**, wie immer der Name des Unglückes lauten mag, Gutes that, das weiß Gott allein und wird der Gerichtstag in vollster Genauigkeit uns vor die Augen führen; hier sei es genug, anzudeuten, daß er das Wort des Herrn übte: „Seliger ist Geben, als Nehmen" bis zu seinem Tode.

Bei Erwähnung der Barmherzigkeit des seligen Oberhirten muß hier auch jener Congregation gedacht werden, welche durch ihre Mitglieder, die mit wahrem Rechte „barmherzige Schwestern" genannt werden, die vorzüglichsten Werke der Barmherzigkeit ausübet, namentlich in der Armen= und Kranken=Pflege.

Maximilian Joseph war der Congregation ein wahrer Freund, ein liebevoller Vater, ein Tröster in aller Noth. Er erwirkte in Rom für die Congregation die Selbstständigkeit und Unabhängigkeit von dem Mutterhause derselben in Paris, wodurch sie in die Lage kam, sich frei zu bewegen und von Jahr zu Jahr in schönster Blüthe zu entfalten. Das Mutterhaus der Congregation wurde im Jahre 1863 von Schwarzach nach Salzburg verlegt, nachdem hiezu Haus und Kirchlein erbaut war, welches letztere von Maximilian Joseph am 5. August 1863 feierlich consecrirt wurde.

Besonderen Antheil hatte der Hochselige an der Gründung der Filiale Mariathal in Tirol (im Jahre 1863), welche er auch stets unterstützte.

Die Häuser der barmherzigen Schwestern waren für Maximilian wahre Ruheplätzchen, wo er sich in traulichem Gespräche mit den guten Schwestern unterhielt, denen Hochdessen Besuch eine übergroße Freude bereitete, die sie nie vergessen werden. Da die ehrwürdige Congregation so vieler Liebe von Seite des Oberhirten sich zu erfreuen hatte, war es derselben eine große Genugthuung, den kranken Vater und Hirten bis an Sein Ende pflegen zu dürfen, was sie auch mit aufopferndster Liebe und Hingebung that.

Noch verdient erwähnt zu werden die fortwährende Unterstützung, welche der Hochselige dem Vincentius=Vereine widmete, dessen Protectorat er übernommen hatte, sowie er auch mit besonderer Wärme des Frauen=Vereines sich annahm, dessen edle Intentionen und stilles Wirken er hoch schätzte.

Nachdem wir in den allgemeinsten Umrissen die Thätigkeit Maximilian Josephs um die Glieder seiner Kirche betrachtet, erübriget noch in Kurzem, seinen Eifer darzuthun, durch welchen er auch die Worte des Psalmisten: „Ich habe, o Herr! geliebt deines Hauses Zierde" zu erfüllen bemüht war.

Dies gilt vor Allem von seiner erzbischöflichen Kathedrale, dem hehren St. Rupertus=Dome.

Dieser wurde seit seiner Erbauung (von 1614 bis 1628)

unter Marcus Sitticus und Paris Lodron) zwar zweimal renovirt, nämlich 1755 und 1828 unter Sigmund III. und Augustin.

Doch waren diese Renovirungen keineswegs weder durchgreifender Natur, noch stylgerecht. Maximilian Joseph jedoch ließ im Jahre 1859 den Dom in seinem Innern in einer des ursprünglichen Erbauers würdigen Weise restauriren.

Dies war jedoch nur möglich durch die große Opferwilligkeit, welche zugleich die ganze Erzdiöcese in hochherziger Weise kundgab. Mit dem 7. Jänner 1859 wurden die Arbeiten begonnen, der Gottesdienst aber bis zu Ende der Restauration in der Stiftskirche zu St. Peter abgehalten.

Die Restauration des Domes war beinahe vollendet, als am 15. September 1859 die Geschütze der Festung einen Brand signalisirten. Es brannte — der hohe Dom! — Gewiß ein harter Schlag für den Hohen Restaurator. So nahe dem ersehnten Ziele, sah er seine Kathedrale von diesem großen Unglücke betroffen, von welchem sie sich bis zum heutigen Tage nicht zu erholen vermochte. Denn im Laufe der Jahre hatten auch die Fresken immer mehr Schaden gelitten, so daß manche derselben fast unkenntlich wurden; doch im Sommer 1875 ließ Maximilian Joseph die Renovirung derselben in Angriff nehmen und wurden vier Bilder vollendet.

Die Wiedereröffnung des Domes wurde durch dieses Unglück jedoch nicht lange verzögert und fand statt durch Fürsterzbischof Maximilian Joseph am 15. October 1859 mittelst Uebertragung der Reliquien der hl. Rupert und Virgil von St. Peter in die Kathedrale. Im Dome selbst erfolgte sodann die feierliche Beisetzung der hl. Reliquien, die Einweihung des neuen Hochaltarbildes und zum Schlusse feierliches Te Deum. Die Betheiligung des Volkes war überaus groß.

Am Sonntage, den 16. October begann das zur Wiedereröffnungsfeier angeordnete vierzigstündige Gebet, welches am 18. October mit Schlußpredigt um 5 Uhr und feierlicher Procession endigte. Am 15. August 1860 endlich weihte Maximilian Joseph das Kreuz, welches sodann auf der hohen Kuppel des Domes aufgestellt wurde.

An dieser Stelle ist noch eines besonderen Verdienstes des hohen Verblichenen zu gedenken, indem er — durch die Huld und Gnade Sr. Majestät — die neue fürsterzbischöfliche Residenz schuf, in welche er am 21. September 1864 einzog, und von welcher aus er zum erstenmale zur Kathedrale fuhr am Vorabende des Festes St. Ruperti, 23. September desselben Jahres. Am 24. Mai 1865 benedicirte Maximilian Joseph die fürsterzbischöfliche Hauskapelle. Vom Jahre 1851 bis 1864 hatte er als Residenz das Schloß Mirabell bewohnt, welches seiner weiten Entfernung wegen manche Unbequemlichkeiten verursachte, während die Lage der neuen Residenz in Mitte der domkapit= lischen Häuser, in unmittelbarer Nähe der Kathedrale, allen Wünschen entspricht.

Sowie Maximilian Joseph für die Zierde des Hauses Gottes thätig war, ebenso war Hochderselbe für den Cultus selbst besorgt in jeglicher Richtung.

Er sah vor allem auf die Einheit des Cultus; eigen= mächtiges Vorgehen, größere Mißbräuche und üble Gewohnheiten auf diesem Felde wollte er mit der Zeit verdrängen und hintan= halten. Deswegen ließ der Fürsterzbischof durch eine Commission eine neue Auflage des Rituale Romano-Salisburgense 1852 ausarbeiten, sowie auch im Jahre 1856 mit seiner Ge= nehmigung eine neue Auflage des: Compendium manuale novissimi Ritualis Rom.-Sal. erschien.

Den Cultus selbst hob er auf alle mögliche Weise. An allen festis Pallii und wenn sonst ein Anlaß sich bot, ponti= ficirte der Oberhirt unter zahlreicher Assistenz in seiner Kathedrale und es war da besonders der feierliche Ein= und Auszug des stets Segen spendenden hohen Priesters erhebend anzusehen.

Das 40stündige Gebet im Dome eröffnete und schloß Maximilian Joseph, so oft er nur konnte, in eigener Person und hielt bis in die letztern Jahre die Eröffnungspredigt am Palmsonntag, obwohl er wegen eines Leidens, das ihn nach seiner eigenen Versicherung besonders beim Predigen in Angst versetzte, namentlich letztere Zeit sich sehr schwer hiebei that. Auch war der Hochwürdigste jedesmal bei der Andacht am Jahresschlusse zugegen, seinen Dank Gott dem Herrn dar= zubringen. So oft es anders möglich war, celebrirte er an Sonntagen die hl. Messe am Speisealtare in der Domkirche und gar viele Gläubige empfingen aus der Hand ihres Oberhirten den Leib des Herrn. Auch bei den 40stündigen Gebeten, die in den verschiedenen Kirchen der Stadt gefeiert werden, fand er sich, so oft es sein konnte, ein und brachte das hl. Meßopfer dar, wie er auch gerne in der Franciscanerkirche für die Mitglieder des Frauenvereines die hl. Messe celebrirte.

Auch gab es einige **besondere Feierlichkeiten** unter seiner Regierungsperiode, welche durch seine Gegenwart verherrlicht wurden. Außer einigen bereits erwähnten, die Jubelfeierlichkeit Sr. Heiligkeit Papstes Pius IX. im Jahre 1871 mit eingerechnet, sind drei noch bemerkenswerth.

Am 12. August 1860 wurde die **Eröffnung der k. k. privilegirten Kaiserin Elisabeth-Bahn** und der Anschluß derselben an die kgl. bairische Bahn festlich begangen. Ihre Majestäten der Kaiser von Oesterreich und der König von Baiern legten in dem Vestibule des gemeinschaftlichen Bahnhofes zum Andenken an die Vollendung des ganzen Werkes den Schlußstein, welcher sodann von Fürsterzbischof Maximilian Joseph in feierlicher Weise eingeweiht wurde. Eine gleiche Weihe erhielten hierauf vom Perron des Bahnhofes aus, die Bahn und die langsam vorüberziehenden Lokomotiven und Waggons.

Eine äußerst liebliche und ungemein erhebende Feier, zu der eine zahllose Menge Andächtiger von allen Seiten herzuströmte, war die **Aussetzung der Reliquien des hl. Johannes von Nepomuk** unter der hohen Kuppel des Domes von Salzburg am 11., 12. und 13. October 1866. Die Reliquien des großen Heiligen waren, wie bekannt, aus Anlaß der Kriegsereignisse jenes Jahres am 24. Juli von Prag nach Salzburg gebracht und von Fürsterzbischof Maximilian in sichere Obhut genommen worden. Nachdem der Friede wieder hergestellt war, sollten auch die Ueberreste des Heiligen an ihren gewöhnlichen Ruheort zurückkehren und wurden dieselben vor der Uebertragung nach Prag an obigen Tagen zur Verehrung feierlich im Dome ausgestellt.

Der Oberhirt war aber im October jenes Jahres eben auf Visitation im Dekanate Taxenbach. Er unterbrach dieselbe, und beeilte sich zur Rückkehr nach Salzburg, um selbst der erhebenden Feier anwohnen und öffentlich dem hl. Johannes seine Verehrung bezeigen zu können. Am 13. October (Sonntag) hielt Fürsterzbischof Maximilian ein feierliches Pontificalamt. Nachmittag vor der Schlußlitanei hielt P. T. Domcapitular (nun Weihbischof) Prucha von Prag eine erhebende Ansprache, welche alle Zuhörer auf das Tiefste bewegte.

In großartiger Procession wurde dann der heil. Leib vom Dome nach Mirabell in die kaiserliche, eben diesem Heiligen gewidmete Hofkapelle (um von dort nach Prag versendet zu werden) übertragen. In gläsernem Katafalke wurden die hl. Ueberreste von 6 Priestern, das kostbare Gefäß mit der wunderbar erhaltenen Zunge des Heiligen vom Hochwürdigsten Fürsterzbischofe Maximilian selbst getragen, eine endlose Menge Volkes aber, theils betend, theils weinend, verherrlichte durch sein lautes Glaubensbekenntniß diesen Triumphzug des Heiligen. In der Kapelle selbst wurde unter Küssen und Thränen von dem theuren Kleinod Abschied genommen, wobei auch der Oberhirt Worte voll Rührung und Dankes an die beiden Prager Domherrn (Prucha und Bernard) richtete, während das auf dem Platze zu Tausenden harrende Volk mit Gefühlen der Wehmuth und Freude der Fürbitte des hl. Johannes von Nepomuk sich anempfahl.

Jedem, der diese Feierlichkeit mit erlebte, wird sie unvergeßlich bleiben.

Die dritte große Feier, welche der Hochselige durch seine Gegenwart verherrlichte, war das **Fest der Krönung U. L. Frau vom heiligsten Herzen** in Innsbruck am 25. October 1874. Seine Eminenz Cardinal-Fürsterzbischof Maximilian hielt in der Jesuitenkirche ein feierliches Pontificalamt, Nachmittags weihte Hochderselbe die Kronen, worauf der feierliche Krönungsakt vorgenommen wurde. Darauf setzte sich eine Procession in Bewegung, welche sich sowohl durch die Theilnahme einer wirklich ungeheuren Menge Andächtiger, als durch eine musterhafte Ordnung auszeichnete. Das Landhaus war erwählt, die Stätte eines der feierlichsten Momente des Festes zu werden. Von dessen Balkon herab ertheilte nemlich Seine Eminenz, umgeben von den Bischöfen von Trient (Bischof-Coadjutor), Brixen, Voralberg, Gurk, Seckau, Lavant, Linz und St. Pölten, der auf den Knieen liegenden, zahllosen Menge in feierlichster Weise den **päpstlichen Segen**. Die ganze Feier war von dem herrlichsten Wetter begünstigt, das Volk Tirols aber war freudig gerührt und voll des Dankes für Maria.

Es erübriget nun noch, einige besondere Verdienste des hohen Kirchenfürsten zu erwähnen.

Unter diese gehört vorerst die **Reform des theologischen Studiums** im Jahre 1852. Fürsterzbischof Maximilian änderte den bisherigen theologischen Studienplan, nach welchem die Kirchengeschichte und das Kirchenrecht die Grundlage der Theologie bildeten, dahin um, daß er die eigentliche Theologie — Fundamentaltheologie und Dogmatik — zur Basis des theologischen Studiums machte. Demgemäß wurde Kirchengeschichte in den 3. theologischen Jahrgang, Kirchenrecht in den 4. verlegt.

Durch diese Reform stellte Maximilian Joseph das theologische Studium auf den rechten — d. i. katholischen — Standpunkt, wofür ihm der Clerus nicht genug danken kann, weil nur zu viele traurige Erfahrungen neuerer Zeit die Unrichtigkeit des früheren Standpunktes darthun.

Ein weiteres Verdienst erwarb sich im Jahre 1852 der Oberhirt durch die Einführung des **Verordnungsblattes** für die Erzdiöcese und durch die Drucklegung der Sammlung der Verordnungen seit dem Jahre 1816.

Im Jahre 1855 wurde die Herausgabe eines historisch-statistischen **Handbuches für die Erzdiöcese Salzburg***) angeordnet. Vom Jahre 1860 bis 1862 erschien sonach Dürlingers Flachland, 1863 Lungau, 1866 Pinzgau, und 1867 Pongau. Leider starb der Verfasser vor gänzlicher Vollendung des sehr interessanten Werkes, dessen letzten Band Dr. Zillner herausgab.

Eine große Genugthuung für seine diesbezüglichen Bemühungen war dem Fürsterzbischofe das im Jahre 1860 erfolgte ins Leben Treten der f. e. Diöcesan-Buchhaltung, unter ihrem ersten Vorstande, dem f. e. geistlichen Rathe Ivo Högl.

Maximilian Joseph wollte seine Erzdiöcese auch durch ein **kirchliches Blatt** vertreten wissen. Als daher die Salzburger-Kirchen-Zeitung Ende Juni 1861 zu erscheinen aufhörte, bedauerte er, daß nun ein Organ mehr verhallt sei, ermunterte aber auch, es wieder ins Leben zu rufen und so erschien mit October 1861

---

*) Dieses dem Clerus nicht genug zu empfehlende Werk ist im Verlage des f. e. Consistorial-Archives.

die neue Folge des Salzburger-Kirchenblattes unter Redacteur Dr. Gaßner.

Seit 11 Jahren besteht noch ein zweites Organ in Salzburg, welches den katholischen Interessen dient, nemlich die im April 1865 zum erstenmal herausgegebene Salzburger-Chronik. Der Oberhirt erkannte die Nothwendigkeit einer Vertretung und Stärkung der katholischen Prinzipien an und wandte dem Blatte seine Aufmerksamkeit und Fürsorge zu.

Ein nicht zu unterschätzendes Verdienst erwarb sich der Oberhirt durch seine Sorge für die Verbesserung der Kirchenmusik überhaupt, namentlich an der Kathedrale. Er war Protektor des seit 1842 bestehenden Dom-Musikvereins und Mozarteums, gegründet von Dr. Franz Edlen von Hilleprandt, welcher bis zu seinem Ableben 1871 Sekretär des Vereins war. Seine Eminenz unterhielt stets regen Verkehr mit dem Vereine, nahm an allem, was denselben berührte, lebhaftesten Antheil, trachtete auf jede Weise den Verein sowohl bezüglich seiner materiellen Lage, als auch seiner eigentlichen Zwecke zu fördern und unterstützte ihn ohne Ermüden. Mit Interesse wohnte Seine Eminenz den Concerten des Vereins bei.

Ein Verdienst jedoch, welches gleichsam alle anderen krönt und die Regierung Maximilian Josephs — unter so schwierigen Verhältnissen — ganz besonders auszeichnet, ist jene weise Mäßigung und kluge Ueberlegtheit, welche all' Sein Handeln beherrschte, und vermöge derer Hochderselbe allen Conflikten auszuweichen oder vorzubeugen, dabei aber auch den Rechten der Kirche das Ihrige zu wahren verstand, wie denn auch Maximilian Joseph noch auf seinem Krankenlager die Erklärung des österr. Episcopats gegen das Klostergesetz unterzeichnete. Dieses Verdienst muß heutzutage auf das Höchste angeschlagen werden, denn es bietet eine sichere Bürgschaft für den Frieden, dessen Kirche und Staat so wohl bedürfen, und groß ist der Bischof, welcher dieses Gut den Seinen so klug und gerecht zu erhalten weiß. —

Eine solche Anzahl von Verdiensten konnte nun aber nicht verborgen bleiben. Seine k. k. apostolische Majestät ernannte den hohen Kirchenfürsten zu Höchstseinem wirklichen geheimen Rath und verlieh ihm am 17. April 1873 das Großkreuz des k. k. Leopold-Ordens, sowie Seine kaiserl. Hoheit, Ferdinand IV.

von Toscana das Großkreuz des St. Joseph-Ordens. Aber auch von kirchlicher Seite wurde ihm die höchste Auszeichnung zu Theil.

Seit Jahren war bereits Fürsterzbischof Maximilian als Candidat für den Cardinalshut genannt worden, als das Gerücht in der That zur Freude Aller Wahrheit wurde. Am 22. December 1873 wurde der Oberhirt im päpstlichen Consistorium zum **Cardinalpriester** der römischen Kirche ernannt. Zu Weihnachten langte der Ablegat des Papstes Pius IX., Graf Serafini, Kapitän der päpstlichen Nobelgarde hier an, welcher Seine Eminenz am 7. Jänner nach Wien begleitete zur feierlichen **Uebergabe des Birrets**.

Diese vollzog Seine apostolische Majestät Unser allergnädigster Kaiser Franz Joseph I. auf Bitte des hl. Vaters am 15. Jänner 1874 in der Hofburgcapelle in Gegenwart des gesammten Hofstaates in der feierlichsten Weise. Auf besonderen Wunsch Seiner Majestät erschien auch Cardinal Rauscher. Das Hochamt celebrirte der Weihbischof, nunmehriger Erzbischof von Wien Dr. Kutschker. Aus Salzburg waren anwesend: Abt Albert von St. Peter, (unser jetziger geliebter Oberhirt), Domscholasticus (nun Weihbischof) Della Bona, Capitular (nun Domscholasticus) Embacher, Domcapitular Schleindl und Hofcaplan Prey. Am 21. Jänner kehrte Seine Eminenz von Wien wieder anher zurück.

Am 26. April reiste der Cardinal nach **Rom**, um dort von Seiner Heiligkeit im Cardinals-Collegium am 5. Mai installirt zu werden durch die Ceremonie der „Schließung" und „Oeffnung" des Mundes, sowie durch Ueberreichung des Cardinalsringes. Die Hutübergabe blieb ganz weg, als **Titel** erhielt jedoch Seine Eminenz die hervorragende und sehr merkwürdige Kirche der Jungfrau Maria in Ara Coeli, von welcher er am 14. Mai Besitz ergriff. Der gesammte Franciscaner-Convent des Klosters von Ara Coeli leistete Seiner Eminenz die Huldigung.

Am Vorabende des Pfingstfestes, 23. Mai, kehrte der greise Oberhirt von Rom wieder hieher zurück und wurde in feierlichem Zuge in die Kathedrale geleitet, wo zum Danke für die glückliche Heimkehr ein Te Deum gehalten wurde. Die Freude und Theilnahme war eine allgemeine.

Im Juli und August nahm der geliebte Oberhirt eine Visitation im Dekanate St. **Georgen** (auch im Stifte Michaelbeuern) vor, nach deren Beendigung er die Feier des 200jährigen

Säculums des berühmten Wallfahrtsortes Maria Plain (vom 9. bis 16. August) mit einem Pontificalamte schloß. Nachdem er am 18. August das Kaiseramt gehalten, begab er sich zu einiger Erholung nach Tarasp in der Schweiz. Im Spätherbste (vom 10.—20. October) unternahm er trotz so vieler im Jahre 1874 ausgestandener Beschwerden (auch zwei bischöfliche Consecrationen vollzog Maximilian Joseph, wie oben erwähnt, im selben Jahre) noch eine canonische Reise in das beschwerliche Decanat Zell am Ziller, und nur zu sehr fühlte er da bereits, daß seine Kräfte so vielen Anstrengungen des Geistes und Körpers nicht mehr genügen könnten. Von Zell am Ziller begab sich Seine Eminenz nach Innsbruck, die Mutter Gottes durch die feierliche Krönung der ihr geweihten Statue zu verherrlichen, nicht achtend der ausgestandenen Mühseligkeiten der letzten Firmungsreise.

Aber nur zu bald traten die Folgen solcher Ueberanstrengungen hervor, große Mattigkeit und Schwäche befiel den greisen Cardinal immer mehr, so daß man am Weihnachtsfeste, wo er noch pontificirte, nicht ohne große Befürchtung und Kummer den geliebten Oberhirten ansehen konnte.

Doch am Jahresschlusse 1874 wohnte er noch der gewöhnlichen Schlußandacht im Dome bei und bat Gott um seine Gnade für Alles, was im nächsten Jahre seine Vorsehung ihm senden würde.

Und das Jahr 1875 erfüllte zwar viele freudige Wünsche und inbrünstige Gebete auf den 24. October, brachte aber auch tiefes Leid über die Erzdiöcese.

Die Zustände Seiner Eminenz wurden nämlich gleich im Jänner 1875 bedenklicher, so daß man große Befürchtungen für das theuere Leben hegte. Am 2. Februar $^1/_2$7 Uhr Morgens ging denn auch ein feierlicher, ergreifender Zug in das f. e. Palais. Es war Jesus im allerheil. Sakrament, der den kranken Oberhirten besuchte. Der Hochwürdigste Weihbischof spendete dem hohen Kranken im Beisein des gesammten Metropolitancapitels die hl. Sakramente des Altares und der letzten Oelung, auch wurde ihm der kirchlichen Vorschrift gemäß das Glaubensbekenntniß abgenommen. Der Heiland aber erfüllte das Gebet gar Vieler und ließ den Kranken wieder zu größerer Kraft zurückkehren.

Seine Eminenz schrieb in einem Hirtenbriefe d. d. 25. April die Eröffnung des allgemeinen Jubiläums auf den 9. Mai aus und begab sich am 19. Mai zur Erholung nach Dornbach bei Wien, wohin ihn der Hochwürdige Abt von St. Peter in freundlicher Weise eingeladen. Der Aufenthalt daselbst wirkte recht wohlthuend auf den hohen Kranken und kehrte Hochselber am 1. Juli gestärkt wieder nach Salzburg zurück.

Weil soeben das Jubiläum berührt wurde, ist hier der Ort, des wahrhaft rührenden und großen Eifers Seiner Eminenz in Erfüllung der Bedingungen des Ablasses zu gedenken, sowie seine Frömmigkeit überhaupt zu erwähnen.

Um den Jubelablaß zu gewinnen, machte Seine Eminenz in Dornbach zur größten Erbauung des Volkes die drei vorgeschriebenen Processionen mit. Damit nicht zufrieden, betheiligte er sich in seinem kindlich frommen Sinne nochmals an drei Processionen in seiner Erzdiöcese, nämlich nach der Rückkehr von Schwarzach einmal im f. e. Borromäum am 3. October und in dem nahegelegenen freundlichen Aigen am 10. Octbr., am 17. desselben Monates endlich konnte man bei der Procession, welche von der Stadtpfarrkirche St. Andrä ausging, den erhabenen Oberhirten sehen, voll Demuth und Milde, in Gebet versunken, einherschreitend mitten unter seinen Gläubigen. Wahrhaft ein rührendes Bild der Frömmigkeit, ein Mahnruf zur Buße für so Viele! —

Eine besondere Andacht zur seligsten Jungfrau Maria hegte der Oberhirt Zeit seines Lebens. Einer seiner Lieblingsspaziergänge war gegen Freisaal zu, in dessen Nähe eine kleine Kapelle Mariens sich befindet, vor welcher viele ihre Andacht verrichten. Auch Maximilian Joseph ging nie an ihr vorüber sondern schüttete sein Herz vor der Gottesmutter aus. Einmal kam er eben zu dem hl. Rosenkranze, welcher vor dem dortigen Marienbilde fleißig gebetet wird; auch der Fürsterzbischof kniete sich zu den Andächtigen und vereinigte sein Gebet mit ihnen, bis die Andacht vollendet war.

Seiner Gesundheit wegen besuchte der Fürsterzbischof seit einer Reihe von Jahren den Curort Tarasp in der Schweiz. Diesen Aufenthalt benützte der Oberhirt gar gerne, der Himmelskönigin in dem unfern von Tarasp gelegenen Maria Einsiedeln einen Besuch abzustatten, seine Anliegen ihr vorzutragen und um ihre Hilfe und ihren ferneren Schutz zu flehen.

Auch während seiner Krankheit, wenn er es vermochte, längere Zeit außer Bett zuzubringen, ging er im Zimmer auf und ab und betete den hl. Rosenkranz; täglich ließ sich der hohe Patient das Morgen= und Abendgebet, wenn er es selbst zu verrichten nicht in Stande war, vorlesen, sowie er auch sonst öfters nach geistlicher Lesung verlangte.

Täglich hörte der kranke Oberhirt die heilige Messe mit Andacht an, während sein Diener die heiligen Gebete hiezu vorlas. Bis auf die letzten Tage empfing der edle Dulder täglich seinen Herrn und Heiland Jesus Christus in der heiligen Kommunion, welche ihm sein Hofcaplan darreichte und tief ergreifend, wahrhaft fromm, voll Glaube und Liebe war die Andacht, welche der Hirte dem obersten Hirten, der ihn so süß weidete, entgegen brachte.

Bekannt ist der Eifer, mit welchem der verblichene Oberhirt sich an den gewöhnlichen Bittgängen betheiligte und in der Frohn=leichnahmsoktave das heiligste Sakrament bei den Processionen begleitete. Besondere Vorliebe hegte er für die Procession am Oktavtage, weil da besonders die Kinder Gottes Sohn ver=herrlichten durch ihre Andacht, Unschuld und Liebe. —

Nachdem nun Seine Eminenz vom 1. Juli an durch vierzehn Tage in Salzburg sich aufgehalten, reiste Hochderselbe am 15. Juli zur Nachkur nach Hofgastein, wo ihn am 24. August Fürstbischof Wiery von Gurk besuchte, mit welchem er am 2. Sep=tember wieder abreiste und zu kurzem Aufenthalt nach Schwarzach sich begab, wo Hochselber den Besuch Sr. Eminenz des Cardinals Fürst Schwarzenberg empfing. Auch den Waisen=Mädchen wurde das Vergnügen zu Theil, den Oberhirten in Schwarzach besuchen zu dürfen und werden sie der Liebe und Güte Hoch=desselben mit ihnen Zeit ihres Lebens eingedenk sein.

Am 27. September kehrte Maximilian Joseph etwas ge=kräftigt wieder anher zurück.

Endlich nahte der lang ersehnte 24. October 1875, an welchem Tage vor 25 Jahren Maximilian Joseph zum Erzbischofe von Salzburg erwählt worden war. Alles wetteiferte, diesen Tag zu verherrlichen und eine unnennbar große Volksmenge füllte den Dom und bestürmte den Herrn mit Bitten für den geliebten Hirten.

Der zahlreichst vertretene Clerus von Stadt und Land (die

Zahl desselben wird auf 250 geschätzt) holte den Oberhirten nebst den zu diesem Feste erschienenen Hochwürdigsten Bischöfen in feierlicher Procession ab. — Es waren nämlich anwesend die Hochwürdigsten Bischöfe von Linz, Brixen, Gurk, Lavant, Seckau und der Bischof-Coadjutor von Trient; ferner außer den Hochwürdigen Aebten von St. Peter und Michaelbeuern der Salzburger Erzdiöcese noch jene von Admont, Lambach und Fiecht. — Der hohe Jubilar wurde dann in die Kathedrale geleitet; segnend und weinend, tief ergriffen und erfreut schritt er langsam zum letzten Male dem Dome zu und wohnte in einer Loggia der von Fürstbischof Wiery gehaltenen Festpredigt bei. Hierauf war der feierliche Einzug und hielt Seine Eminenz unter Assistenz des Hochwürdigen Abtes Albert von St. Peter, des Domscholasticus Embacher und Domcustos Klingler und der beiden Domcapitular-Senioren Aichinger und Englmayr ein feierliches Pontificalamt. Die Hochwürdigsten Bischöfe nebst dem Weihbischof von Salzburg assistirten in Pluviale und Mitra auf der Epistelseite auf einem hiezu errichteten Podium, die Aebte von Michaelbeuern, Admont, Lambach und Fiecht ebenso auf der Evangelienseite in dem Domherrn-Stuhle. Dem Hochamt folgte das feierliche Tedeum und der päpstliche Segen und zur Verwunderung Aller vermochte Seine Eminenz die lange Feier mit ziemlich ungeschwächter Kraft auszuhalten. Darauf folgte in ebenso feierlichem Zuge die Rückkehr in die f. e. Residenz, wo vorerst der Hochwürdigste Fürstbischof von Brixen, Vincenz Gasser im Namen aller Suffragane die Glückwünsche der salzburgischen Kirchenprovinz darbrachte, die bischöfliche Adresse überreichte und das Festgeschenk übergab, nämlich einen prachtvollen Kelch, der am Fuße die Wappen der Hochwürdigsten Suffragan-Bischöfe trägt, welches edle Kunstwerk nach dem Sinne der Hochwürdigsten Spender zugleich ein Andenken und eine beständige Zierde des Domes zu Salzburg bilden sollte.

Hierauf sprach der Hochwürdigste Herr Weihbischof Dr. Della Bona als Propst im Namen des Domcapitels und des gesammten Welt-Clerus die Gratulationsrede, überreichte die lateinische Adresse und die Festgabe des salzburgischen Clerus — bei dritthalbtausend Gulden zum Zwecke der Renovation der durch den Brand 1859 arg beschädigten Dom-Fresken. Dann folgte die Entgegennahme der Gratulationen von Seite distinguirter Persönlichkeiten und Deputationen. Abends noch besuchte der Oberhirt das Borromäum, wo er sich in ungezwungener, heiterer Laune längere Zeit unterhielt, sowie auch das Priesterhaus von dem Besuche des hohen Jubilars erfreut wurde. Alle aber dankten Gott, daß die Kräfte des Cardinals nach diesem Tage sich so gut erhalten. Hier möge es gestattet sein, die Schreiben Sr. k. k. Majestät und des Papstes, sowie die Adressen der Hochwürdigsten Suffragane, des Clerus und der Laien ihrem Wortlaute nach anzuführen.

Schreiben Seiner k. k. Majestät.

Lieber Cardinal=Fürsterzbischof von Tarnóczy!

Empfangen Sie meine herzlichsten Glückwünsche zu dem erfreulichen Gedenktage, welchen Sie nach 25jähriger Thätigkeit als Oberhirt demnächst feiern.

Mit innigster Theilnahme spreche ich diese Wünsche aus und gedenke dabei mit besonderer Befriedigung und dankbarer Anerkennung der treuen und ausgezeichneten Dienste, welche Sie während dieses Zeitraumes mir, der Kirche und dem Staate leisteten.

Möge es dem Allmächtigen gefallen, Sie noch viele Jahre in dieser segensreichen Wirksamkeit zum Wohle des Landes, sowie als Zierde der Kirche zu erhalten und mir noch öfters den Anlaß zu bieten, Sie mit meinen wärmsten Glückwünschen begleiten und meiner wohlwollendsten Zuneigung versichern zu können.

Budapest am 21. October 1875.

Franz Joseph m. p.

Im Auftrag Sr. Heiligkeit

des Papstes Pius IX. hat Erzbischof Marino von Rom aus ein italienisches Glückwunschschreiben an Se. Eminenz gerichtet, dessen deutsche Uebersetzung hier folgt:

Hochwürdigste Eminenz!

Mit wahrer Herzensbefriedigung hat der heilige Vater vernommen, daß am 24. ds. Mts. sich das 25. Jahr vollendet seit der Erhebung Eurer hochwürdigsten Eminenz auf den erzbischöflichen Stuhl von Salzburg, und daß der Tag auch durch die Zusammenkunft Ihrer Suffragane begangen werden soll. Der Feier dieses erhabenen Festes schließt Se. Heiligkeit sich freudig an in Anerkennung des Eifers, mit welchem Sie Sich stets bemüht, die Interessen Ihrer Diöcese zu fördern, und der Anhänglichkeit, die Sie stets gegen seine heil. Person bewiesen haben. Der heil. Vater kann daher nicht umhin, Euer Eminenz zu diesem fröhlichen Ereigniß zu gratuliren, und bittet den Herrn, daß er Sie noch viele Jahre zur Zierde der Kirche, zur Vertheidigung des hl. Stuhles, sowie zum erhöhten geistlichen Wohl der ihnen untergebenen Gläubigen erhalten möge.

Se. Heiligkeit hat mir demzufolge den ehrenden Auftrag gegeben, Euer hochwürdigsten Eminenz mitzutheilen, daß er Ihnen bei so freudevollem Anlaß aus ganzem Herzen den apostolischen Segen spendet.

Indem ich all' dieses zur Kenntniß Euerer hochwst. Eminenz bringe, halte ich es für meine Pflicht, Ihnen bei dieser seltenen Gelegenheit auch Glück zu wünschen, indem ich Ihnen gleichfalls meine herzlichsten Wünsche für ein langes und zufriedenes Leben ausspreche.

Hoffend, daß Eure hochwürdigste Eminenz sich würdigen werden, diese meine Gefühle mit Ihrer gewohnten Güte aufzunehmen, beuge ich mich in tiefster Ehrfurcht, den heil. Purpur zu küssen

Euerer hochwürdigsten Eminenz

Rom, 7. October 1875.

unterthänigster, ergebenster und gehorsamster

Marino, Erzbischof.

Adresse der Suffragan-Bischöfe.

Euere Eminenz!
Hochgeborner Herr Cardinal und Metropolit!

Durch die Wahl des Hochwürdigsten Metropolitan-Domcapitels wurden Euere Eminenz vor 25 Jahren zum Nachfolger des hl. Rupertus auf den altehrwürdigen Bischofsstuhl von Salzburg berufen. Es ist bekannt, daß Hochdieselben erst nach schwerem Seelenkampfe diesem Rufe folgten. Das seither verflossene Vierteljahrhundert hat die Wahl, aber auch die Bangigkeit gerechtfertigt, mit der sie angenommen wurde. Großes hat der Herr in diesen Jahren Euerer Eminenz auferlegt, Großes durch Hochdieselben gethan. Zur unermüdlichen Sorge für die eigene Diöcese trat die liebende Obhut über die gesammte Kirchenprovinz, und in den durch Hochihre Bemühung neugesicherten Vorzügen der Erzbischöfe von Salzburg war es nicht die in der katholischen Welt einzig dastehende Auszeichnung, was Euerer Eminenz Sinnen und Sorgen in Anspruch nahm, sondern deren Tragweite mit dem Ernste der Verantwortung. Ist schon das Priesteramt eine Bürde „furchtbar selbst für Engelsschultern" — fühlen wir tagtäglich, was die Leitung einer Diöcese verlange, um wie viel reicher ist die Aussaat des Kummers bei der Obsorge für eine Kirchenprovinz, verbunden mit der Pflicht, für sie Oberhirten zu bezeichnen, ja zu ernennen. Es klänge wie Selbstlob, wollten wir rühmend hervorheben das väterliche Wohlwollen und wachsame Augenmerk, das Euere Eminenz den verwaisten Diöcesen mit immer neuer Bangigkeit zugewendet. Es war aber gewiß nicht der leichteste unter den Beweggründen zu Hochdero Aufnahme in das h. Cardinals-Collegium die ununterbrochen emsigste Sorgfalt für die Suffragankirchen, so daß der Vater der Christenheit den Träger der ausgezeichneten Metropolitanwürde Salzburgs durch persönliche Auszeichnung belohnte, sowie Hochdemselben die Beweise kaiserlicher Huld wiederholt zu Theil geworden.

Es ist uns ein Bedürfniß, der Freude hierüber, sowie unserer innigsten Hochachtung gemeinsam Ausdruck zu geben, aber auch mit tiefbewegtem Herzen heute eine Festgabe zu überreichen, an welcher Euere Eminenz nicht den unbedeutenden Werth, sondern den vielbedeutenden symbolischen Sinn gütigst würdigen wollen. Ist ja der Kelch das Symbol des Menschen-Looses; und haben ja auch Hochdieselben beim Eintritt in den Clericalstand gesprochen: Dominus pars hereditatis meae et calicis mei, tu es qui restitues hereditatem meam mihi. Diese Hoffnung auf eine herrliche Erbschaft haben Euere Eminenz bei jedem heil. Meßopfer im inhaltschweren Worte erneuert: Calicem salutaris accipiam et nomen Domini invocabo. Und zu dieser Anrufung des göttlichen Namens, wie drängten und drängen die immer wiederkehrenden Prüfungen, die da mahnen, mit dem göttlichen Dulder am Oelberge zu sprechen; Pater mi, si possibile est, transeat a me calix iste; veruntamen non sicut ego volo, sed sicut tu.

Dieser Prüfungen im eigenen Vollgefühle ihrer Schwere eingedenk, geben wir die Versicherung, daß wir fest zusammenhaltend Euerer Eminenz zur Seite stehen und kämpfen wollen den guten Kampf, und bewahren wollen den Glauben uns und den uns Anvertrauten, und beten und arbeiten wollen, damit das Wort sich erfülle: Euntes ibant et flebant mittentes semina sua, venientes autem venient cum exultatione, portantes manipulos suos. Mit dieser Versicherung verbinden wir den Ausdruck des innigen Wunsches, es möge der Herr des Lebens, der Gesundheit und Kraft nach seinen unerforschlichen Rathschlusse gibt und nimmt, die Besorgnisse, die sich uns in diesem Jahre aufgedrängt, so wie Er sie jetzt entfernte, noch recht lange, lange ferne halten.

Gott erhalte, Gott schütze, Gott segne Euere Eminenz!

Salzburg, am 24. October 1875.

Die Fürstbischöfe der Suffragan-Diöcesen:

Trient.	Brixen.	Gurk.
Benedict,	**Vincenz** m. p.	**Valentin** m. p.
vertreten	Seckau.	Lavant.
	Johannes m. p.	**Jacob Maximilian** m. p.
durch		

Die Auxiliar-Bischöfe:

Johannes Haller m. p.,   **Johannes Della Bona** m. p.
Bischof-Coadjutor.

Adresse des Clerus der Salzburger Erzdiöcese.

Euer Eminenz!

Hochgeborner Hochwürdigster Herr Fürst-Erzbischof!

Wieder strahlet uns heute der glückliche Gedächtnißtag jener sehr ersehnten Freude, welche Euer Eminenz ehrenwertheste Eltern vor 69 Jahren bei Dero Geburt zuerst erfüllte. Und dieser Tag, der jährlich von den allerbesten Wünschen reichlich begleitet war, erglänzte dann erst recht hell und weit umher, als man an ihm zugleich den Vorabend jenes weihevollen Tages zu feiern begann, an welchem Dieselben durch die Händeauflegung des verehrungswürdigsten Erzbischofes Augustin zur priesterlichen Würde erhoben wurden.

Das Andenken an diesen beglückenden Tag war uns jederzeit und wird uns immer um so mehr erfreulich sein, als uns recht wohl bekannt ist, in welch' treuer und würdevoller Weise Dero ganzes Wirken der Heiligkeit dieses Amtes entsprochen und wie sehr es zum besten Gedeihen des mystischen Weinberges gefrommt hat durch Unbescholtenheit, durch Seeleneifer und durch Dero unausgesetztes ernstes Forschen und eifriges Studium in jeder echten Wissenschaft, insbesonders aber der theologischen, deren stets rechtgläubige und vortreffliche Verwaltung durch die Predigt und von der Lehrkanzel nicht minder, als die ausgezeichnete Leitung der theologischen Facultät einen sicheren Beleg der Kraft und Erhabenheit Dero Verstandes und Herzens lieferte, welcher es dem Erlauchten Nachfolger des Erzbischofes Augustin rathsam und zeitgemäß erscheinen ließ, Dieselben dem Metropolitan=Capitel einzureihen, und Dero Thätigkeit vollständig in Anspruch zu nehmen.

Und diese Verfügung war nicht ein Werk des Zufalls, sondern gewiß eine Bestimmung der göttlichen Vorsehung, welche in ihrer Fürsorge für die in Kürze zu erledigende erhabene Kirche des heiligen Rupertus, Dieselben eben mittelst dieses neuen Amtes mit einer ausgedehnteren Erfahrung und mit reichlicher Vorbildung in einer bisher noch ungewohnten Wirkungssphäre versehen und gleichsam mit dem Hochzeitsgewande auszeichnen und bemerklich machen wollte, damit die im heiligen Geiste versammelten Capitularen an Ew. Eminenz den ihm zur Wahl genehmen Bräutigam erkennen konnten.

Durch dieses bestens entsprechende Wahlergebniß hat es der Vorsehung gefallen, Dieselben eben an jenem Tage, an welchem Sie an's Tageslicht gerufen, und am nämlichen, an dem Sie zum Dienste des Altares geweihet worden, auf den erhabenen Stuhl der Heiligen Rupertus und Virgilius zu befördern, zum Metropoliten einer hochberühmten Kirchenprovinz und zum Primas eines weitausgedehnten Landes zu bestimmen.

Nachdem nun aber dieser höchst erfreuliche Gedächtnißtag nicht erst zum zweiten oder dritten, sondern zum fünfundzwanzigsten Male wiederkehrt, wessen Herz sollte ungerührt bleiben bei der Jubelfeier Dessen, in dem nur Wenige mehr ihren Altersgenossen, Mehrere ihren Lehrer, die Meisten den Hohenpriester, der sie geweihet, Alle den vortrefflichsten Oberhirten, den liebreichsten Vater kennen, lieben und verehren?

Und wenn gleich Niemanden von uns der Grundsatz unbekannt ist, daß Jedermann sein Lob erst nach dem Tode am sichersten gespendet werden könne, so entgeht uns doch auch nicht der Spruch des heiligen Geistes, welcher lautet: „Eine Ehrenkrone ist das Alter; auf dem Wege der Gerechtigkeit wird es gefunden"[1]) und dessen Verheißung: „Wer seinen Vater ehret, wird als Sohn angesehen und zur Zeit seines Gebetes erhöret werden."[2])

---

[1]) Prov. XVI. 31.
[2]) Eccl. III. 6.

Uns also, die wir einen Vater, der brennend von Liebe zu Gott und seiner Heerde auf den Pfaden der Gerechtigkeit wandelte, und heute durch den Jubeltag Seiner bischöflichen Wirksamkeit ausgezeichnet vor uns steht, uns, die wir einen solchen Vater im Gefühle kindlicher Liebe und Dankbarkeit nach besten Kräften zu ehren suchen, uns wird der Herr gewiß nicht als Knechte, sondern als Söhne ansehen und unser demüthiges Gebet gnädigst erhören.

Da es also dem Allerhöchsten gefallen, uns unter Dero Leitung und Führung durch eine so langjährige, unverdrossene Mühewaltung auf dem Pfade der Wahrheit und Gerechtigkeit sicher zu führen und durch Dero liebevolle Wachsamkeit vor den häufigen Gefahren des Irrthums zu bewahren; da es ihm gefallen, uns durch Dero kluges und großmüthiges Wohlwollen mit so vielen und so großen Spenden und Einrichtungen (Stiftungen, Anstalten) zur Zierde der Kirche, zur Bildung des Geistes, zum Schutze der Sitten, zum Heile der Kranken und zur Linderung jeglichen Schmerzes und Elendes zu bereichern, so daß allerseits ein einhelliger Ausdruck des Lobes und Segens erschallt, und sogar durch des gütigsten Landesfürsten Ehren- und Gnadenbezeugung, wie auch noch, was für uns vom größten Werthe ist, durch besonderes Lob und die offenbare auszeichnendste Ehrenbezeugung unseres heiligsten Vaters, eine Krone der Würde augenfällig Dero Silberhaar zieret: Womit werden wir die Freude dieser überaus glücklichen Jubelfeier besser beschließen können, als dadurch, daß wir als treue Zeugen der Dankgefühle des Clerus nach Erneuerung des Gelöbnisses unseres Gehorsams und unserer innigsten Verehrung inständigst den Allgütigen bitten, daß er Ew. Eminenz die reichste Fülle seiner besten Gnaden schenke und den Beginn seiner überreichen künftigen Vergeltung schon in diesem Leben dadurch erfahren lasse, daß Dieselben bei gesundem Körper und Geiste die ergiebigsten Früchte Ihrer Bemühungen durch eine lange Reihe von Jahren hier auf Erden genießen und nachdem Sie noch die Freude erlebt, den kirchlichen Frieden zu schauen, endlich zur ewigen Krone gelangen.

Nachdem uns heute bereits die Gnade zu Theil wurde, diese Wünsche durch die werthvollste Opfergabe aus dem unermeßlichen Schatze Christi am Altare des Allerhöchsten zu unterstützen, so möge uns noch gütig gewährt werden, daß wir Ew. Eminenz, unserem liebevollsten Vater, einen freilich nur kleinen, weil aus unserer Armuth stammenden Liebespfennig darbringen: und diesen legen wir hocherfreut zu Dero Füßen nieder, von der Hoffnung beseelt, es werde Gott der Allmächtige und Allgütige sich um so eher zur Erhörung unserer Wünsche bewegen lassen, wenn wir Dero Liebe zum Hause Gottes nach Kräften nachahmen, dessen Schmuck Sie ja in der Metropolitankirche trotz der größten Hindernisse mit solcher Ausdauer zu befördern trachten.

Die Laien=Adresse.

Erlauchtester Kardinal!
Hochwürdigster Oberhirt!

Zugleich mit dem Eintritt in das siebenzigste Lebens=jahr feierst Du, umgeben von Deinen Suffraganen, denen Du sämmtlich die Hände aufgelegt, das Andenken an Deine vor fünfundzwanzig Jahren erfolgte Wahl zum Oberhirten der Mutterkirche Salzburg. Nachdem Du im Laufe dieser Jahre dem Beispiele des obersten guten Hirten Jesus Christus folgend die Heerde Deiner Gläubigen allenthalben aufgesucht, sie mit dem Salze der göttlichen Lehre erquickt, mit dem himmlischen Brode gespeist, durch Deine Handauflegung vor den Angriffen auf ihr theuerstes Kleinod geschützt und andere geistliche An=gelegenheiten besorgt hast, kommen heute wir zu Dir, Ehrwür=diger Vater, um Dir in unserem und unserer Gemeindegenossen Namen zu diesem denkwürdigen Tage aufs wärmste Glück zu wünschen und unseren schwachen Dank abzustatten für Deine so schwierige und mühevolle und dennoch so weise, liebreiche und unermüdliche apostolische Wirksamkeit.

Insbesondere danken wir Dir, daß Du uns stets in der Einheit mit dem Stuhle des heil. Petrus und hiedurch im Schooße der alleinseligmachenden Kirche erhalten hast, in welcher wir mit Dir leben und sterben wollen. Wir erkennen und verehren Dich darum auch als unseren rechtmäßigen Bischof und diejenigen, welche Du uns sendest, als unsere recht=mäßigen Priester und geloben Dir neuerdings feierlich Ge=horsam.

Möge der Herr der Heerschaaren seinen Erzengel Raphael senden, damit er, der Dir in der Jugend schon von der Wiege an ein treuer Begleiter war, im Alter das Licht Deinem Auge wiedergebe, auf daß Du noch lange Deiner Heerde erhalten bleibest. Diese Gelöbnisse und Wünsche haben wir bereits beim hl. Opfer auf den Altar unseres ewigen Hohenpriesters gelegt.

Ihrer gnädigen Erfüllung harrend sind und bleiben wir, Ehrwürdiger Vater, bis in den Tod

Deine

treuergebensten Söhne der Seelsorgsgemeinden
der Erzdiöcese Salzburg.

Bei der Rückkehr der Procession vom Dome zum f. e. Palais hatte der Cardinal etwas angehalten und gesprochen: „Ich muß rasten, bald werde ich ewig rasten."

Wer aber hätte es vermuthet, daß schon vier Tage nach jener so glücklich überstandenen Festfeier, am 28. October die Trauerkunde Stadt und Land durchflog: „Seine Eminenz wurde von einem **Schlaganfall** gerührt!" Alsogleich wurden vom f. e. Consistorium Vor- und Nachmittag **Betstunden** angeordnet, was auch in der Folge zum öftern Male wiederholt wurde, wenn in dem Zustande des hohen Kranken eine bedeutendere Verschlimmerung eingetreten war. Und Gott segnete ganz augenscheinlich diese Gebete der Kinder für ihren Vater, denn jedesmal wurde das Befinden des Cardinals, und zwar oft **sehr schnell** ein befriedigenderes. Gewiß aber haben die Gebete so vieler frommer Seelen jene bewundernswürdige Geduld des hohen Patienten bewirkt, von welcher die denselben pflegenden Personen ganz erbaut wurden, umsomehr als das Temperament Hochdesselben ein rascheres war. Diese Geduld läßt sich in den wenigen Worten zusammenfassen: „**Dem hohen Leidenden war Alles recht, er hatte keine Klage.**" —

Für alle Beweise der Liebe, die er besonders aus Anlaß seines Jubiläums von seinen Diöcesanen empfangen hatte, erließ er unter dem 27. Dec. 1875 ein **Dankschreiben**, worin er seine Gefühle unter andern mit folgenden Worten äußert: „Möge das Band der Verbindung und Einheit mit mir auch „im neuen Jahre, bei dessen Eintritt ich Leib und „Leben ganz und gar dem ewigen Hirten zur Ver- „fügung stelle, uns umschlungen halten!"

Der Oberhirt war also schon ganz Eins mit sich und mit einem Gott, bereitet auf Alles. —

So war denn das Jahr 1876 angebrochen, in welchem die Erzdiöcese Salzburg ihres Hirten beraubt werden sollte. Der Zustand des Hochsel. Cardinals wechselte sehr und hielt Alle zwischen Furcht und Hoffnung; öfter aber wiederholten sich Anfälle, welche das Herannahen der Katastrophe in nicht gar ferner Zeit befürchten ließen. Die salzburgische Kirche aber betete unablässig für ihren Hirten. Das Bewußtsein war Anfangs des Jahres 1876 noch meist klar. Als das Hochwürdigste f. e. Consistorium unter dem 18. Februar das Fastenpatent herausgab, in welchem so bedeutende Milderungen enthalten waren, theilte es in demselben mit, Se. Eminenz habe mit vollem Bewußtsein dem folgenden Gedanken Ausdruck gegeben: „Ich grüße „meine Heerde und hege die Zuversicht, daß sie „auch ohne ein Hirtenschreiben, das ich ihr so gerne „mittheilen wollte, wenn ich könnte, den Ernst der „Buße und Abtödtung im Geiste der hl. Fastenzeit „begreifen, und die Gebote der Kirche aus eigenem „Antriebe achten werde. Möge sie um so treuer zur „katholischen Kirche halten, als jetzt von allen „Seiten vermessentliche Angriffe auf ihre Autori„tät geschehen, durch die sie doch Ströme des „Segens in die Völker leitete, wenn und so lange „diese auf sie hörten."

So war Maximilian Joseph, man kann es mit Recht sagen, bis zum letzten Athemzuge für die Seinen besorgt. „Thuet Buße," ist sein letzter Ruf; „Gehorchet der katholischen Kirche," mahnt er zum letztenmal. O möchten alle Verirrten dieser Worte ihres Oberhirten auf dem Schmerzenslager eingedenk sein zur — Rettung ihrer Seelen!

Am 27. März — Ruperti-Sterbtag — verschlimmerte sich der Zustand Sr. Eminenz in sehr bedenklicher Weise und kamen große Schmerzen hinzu. Es wurden daher die öffentlichen Gebete wieder aufgenommen, aber auch der Kranke erholte sich etwas. Am 1. April befürchtete man plötzlich in Folge eines erneuten Anfalles das Schlimmste. Da eben (es war Samstag) die Fastenpredigt gehalten wurde, ermahnte der Prediger die Gläubigen zu den letzten Gebeten für ihren sterbenden Vater in der nach der Predigt folgenden Andacht. Der hohe Kranke war sehr schwach, die Kräfte nahmen bis zum 3. April rasch ab, ein langer Todeskampf trat ein und am 4. endlich, als eben im Dome das Stundgebet um 3 Uhr Nachmittags begonnen hatte, vollendete der edle hohe Dulder nach wiederholtem Empfange der hl. Sterbsacramente unter dem geistlichen Beistande seines Hofcaplans Alfred Prey im 70. Jahre seines Lebens.

Die hohe Leiche im Pontificalornate mit dem Pallium, an der linken Seite das Pastorale, an der Rechten das Legatenkreuz, wurde am 6. April in der f. e. Hauscapelle aufgebahrt, und wurden in derselben auch fortwährend hl. Messen gelesen.

Am 5., 6. und 7. wurde mit allen Glocken der Stadt eine Viertelstunde lang um 12 Uhr feierlich geläutet, die verwaiste Heerde zu Gebeten auffordernd.

Der Zudrang des Volkes von Stadt und Land, von Hoch und Nieder war am 6. und besonders am 7. ein immenser; alles trauerte aufrichtig und von ganzem Herzen, man wußte, was man dem verblichenen Kirchenfürsten zu danken, alle hatte er sich ja durch seine Eigenschaften gewonnen, für alle hatte sein Vaterherz geschlagen.

Am 7. April um 4 Uhr fand die Beerdigung der hohen Leiche statt, welche sich zu einem imposanten Trauerfeste gestaltete. Hiezu waren erschienen Se. Eminenz Cardinal Fürst Schwarzenberg von Prag, welcher die Aussegnung vornahm, der hochwürdigste Bischof Rudigier von Linz und die hochwürdigsten Suffragan-Bischöfe. Seine Majestät sandte als Vertreter seinen Generaladjutanten, Freiherrn v. Mondel, Se. kaiserl. Hoheit, der durchlauchtigste Herr Erzherzog Ludwig Victor seinen Obersthofmeister, Freiherrn v. Wimpfen. Ferner erwiesen dem hohen Verstorbenen die letzte Ehre Seine kaiserl Hoheit der durchlauchtigste Herr Großherzog Ferdinand IV. von Toscana mit Hochseinem Obersthofmeister Duca Nerli, sowie die beiden Statthalter von Tirol und Salzburg, die Grafen Taaffe und Thun. Auch die hohe Aristokratie, die Generalität die dienstfreien k. k. Offiziere, sowie der Gemeinderath der Stadt, nebst andern Behörden waren zahlreich vertreten. Auf Befehl Sr. Majestät hatte das k. k. Militär in den Gassen und auf den Plätzen, durch welche der Zug sich bewegte, Spalier zu bilden.

Die Ordnung des Leichenzuges war nach dem vom f. c. Consistorium herausgegebenen Programme folgende:

Der gesammte Clerus versammelt sich um halb vier Uhr Nachmittags in der Domkirche, begibt sich in Procession in die f. e. Residenz, aus welcher der Leichenzug sich über den Capitel-, Residenz- und Marktplatz, die Getreib-, Collegiums- und Franciscanergasse in nachfolgender Ordnung begibt:

1. Ein Kreuzträger mit einem Kreuze, woran ein schwarzer Flor hängt.
2. Die Knaben und Mädchen der deutschen Schulen, welche sich am alten Marktplatze versammeln.
3. Die verschiedenen Vereine, welche sich am Mozartsplatze versammeln.
4. Herrschaftsbediente.
5. Die Bruderschaften.
6. Die k. k. Lehrerbildungsanstalt.
7. Die k. k. Oberrealschule.
8. Das k. k. academische Gymnasium.
9. Die k. k. theologische Facultät.
10. Das f. e. Collegium Borromäum.
11. Die PP. Kapuziner und Franziscaner.
12. Die Conductfahne.
13. Das Personale der f. e. Consistorial-Canzlei, der Consistorial-Stiftungen-Verwaltung und der f. e. Diöcesan-Buchhaltung.
14. Die Hochwürdige Geistlichkeit, welche nicht zum Domclerus gehört (in Chorröcken).
15. Die Dommusiker, welche das Miserere singen.
16. Drei Alumnen mit zwei Leuchtern und dem Capitelkreuze.
17. Der Domclerus.
18. Der Hochwürdige Convent von St. Peter in Flocken.
19. Das Hochwürdige Domcapitel und der Hochwürdige Herr Abt von St. Peter.
20. Die Hochwürdigsten P. T. Herren Bischöfe.
21. Der Hochwürdigste Herr Officiator cum Pluviale et Mitra simplici.
22. Die hohe Leiche, zu deren Füßen der Cardinalshut, der Fürstenhut und das rothe Birett, wird von Geistlichen getragen und begleitet.
23. Die Hauptklage.

*

24. Honoratioren und die übrige Begleitung männlichen Geschlechtes.
25. Der Leichenbesorger.
26. Die übrige Begleitung weiblichen Geschlechtes.

Die P. T. Hochwürdigsten HH. Bischöfe gingen paarweise nach der Anciennität in folgender Ordnung: Haller von Trient (rechts) und Dompropst Della Bona (links), Stepischnegg von Lavant und Zwerger von Seckau, Gasser von Brixen und Wiery von Gurk, in ihrer Mitte Bischof Rudigier von Linz.

Direct vor der Bahre trugen Geistliche auf schwarzen Kissen die Würdezeichen des Hochseligen, die hohe Leiche wurde in einem doppelten Metallsarg verschlossen getragen. Dieser hatte in der Hauptgegend eine mit Glas bedeckte quadratförmige Oeffnung, so daß man das Angesicht des edlen Dulders sehen konnte. Die Bahre wurde von acht f. e. Alumnen getragen, acht Herren Decane bildeten das innere und acht Alumnen mit weißen Fackeln das äußere Spalier.

Nachdem der Zug im Dome angekommen war, wurde die Bahre in der Mitte des Presbyteriums niedergestellt und vom Chore feierlich das Miserere gesungen. Nach dessen Beendigung wurde die hohe Leiche zur Gruft getragen, in welcher die Ueberreste des Hochsel. Erzbischofes Augustin Gruber ruhen, und von Sr. Eminenz unter Assistenz der P. T. Herren: Capitelvicar Mooslechner, Domscholasticus Embacher und Domcustos Klingler unter den vorgeschriebenen kirchlichen Gebeten eingesegnet.

Hierauf wurde vom gesammten Clerus die Todtenvigil recitirt (Invitatorium, III. Noct. c. Laudibus) und damit schloß die erhebende Trauerfeier.

Die ersten Exequien fanden statt am folgenden Tage. Unter der hohen Kuppel des Domes war der Katafalk errichtet, umgeben von zahlreichen Leuchtern mit rothen Wachskerzen und geziert mit dem Wappen und den Insignien des Hochsel. Cardinals, sowie mit den gespendeten Erinnerungskränzen.

Um 9 Uhr bestieg der Hochwürdigste Herr Fürstbischof von Lavant Jacob Stepischnegg mit seiner Assistenz die Kanzel und hielt in würdevoller, tiefsinniger Weise die Trauerrede, wozu ihm als Vorspruch dienten die Worte: „Wer an mich glaubt, wird leben, mag er auch schon gestorben sein." (Joh. 11, 25.) Seine Eminenz Cardinal Fürsterzbischof Schwarzenberg celebrirte hierauf unter großer Assistenz die Missa de Requiem, nach deren Beendigung die Hochwürdigsten Bischöfe Haller, Stepischnegg, Wiery und Gasser die beim Tode höchster Würdenträger üblichen vier Absolutionen hielten, Seine Eminenz aber mit dem Libera den Schluß dieser tief ergreifenden Ceremonie vollzog.

Der 2. und 3. Trauergottesdienst mit den Tags vorhergehenden Vigilien wurden erst am 26. und 27. April abgehalten, weil das am 9. April einfallende vierzigstündige Gebet, sowie die Ceremonien der Charwoche die Abhaltung in der Charwoche nicht wohl zuließen.

Am 26. April celebrirte das Traueramt der Hochwürdigste Herr Weihbischof und Dompropst Della Bona, die 4 Absolutionen wurden von dem P. T. Abte Albert von St. Peter und von den Domdignitären: Capitelvicar Mooslechner, Domscholasticus Embacher und Domcustos Klingler gehalten.

Den 3. Trauergottesdienst hielt P. T. Herr Capitelvicar Mooslechner, die Absolutionen wurden vollzogen von dem Hochwürdigsten Herrn Weihbischof, dem P. T. Abte Nikolaus von Michaelbeuern, dem Domscholasticus und Domcustos.

Hiemit erreichte die Trauerfeierlichkeit ihr Ende, nur sei noch erwähnt, daß Seine Eminenz für seine Seelenruhe im Dome einen Jahrtag stiftete. Sein Andenken aber wird kein Ende erreichen, sein Episcopat wird für alle Zeiten einen Ehrenplatz in der Geschichte der Erzdiöcese behaupten, denn Maximilian Joseph war ein apostolischer Mann.

Doch weil das Amt eines Bischofes eine Bürde ist, selbst für Engel zu schwer, und weil Gott ein gar strenger Richter ist für die Großen dieser Erde, so beten wir zum Herrn mit den Worten des Fürstbischofes Stepischnegg am Schlusse seiner Trauerrede über den Hochseligen:

„Herr, Du hast unseren Bischof Maximilian Joseph zu „Dir aufgenommen. Wir hoffen wohl das Beste. Aber wenn „vor Dir, Allwissender, irgend eine Makel, eine menschliche „Schwachheit dem Verstorbenen anklebt, die ihn hindert, all= „sogleich zu Deiner, von ihm so sehnsüchtig und über Alles ge= „wünschten Anschauung zu gelangen, nimm sie weg von ihm

„gnädiglich in Deiner unendlichen Barmherzigkeit. Laß ihn un=
„verweilt eingehen in Deinen Frieden! Vergelte ihm, was er
„aus Liebe zu Dir gethan, aber auch das, was er im Glauben
„und voller Ergebung in Deinen hl. Willen auf seinem Schmerzens=
„lager, namentlich die herbe Prüfung, welche er in den letzten
„Tagen erduldet hat. Und so nehmen wir denn Abschied
„von dem theuersten Verblichenen; wir stehen nicht
„allein an seinem Grabe; die Hoffnung ist bei uns,
„die uns das Trostwort zuruft: Auf Wiedersehen"!

Epitaphium.

Eminentissimus

Maximilianus Jos.

de Tarnóczy

Cardinalis - Presbyter Basilicae S. Mariae in Ara Coeli,
Princeps - Archiepiscopus Salisburgensis, S. Sedis Apostol.
Legatus Natus, Germaniae Primas, C. R. Ap. Majestatis
Consiliarius intimus actualis, Magna Crux inclyti C. R.
Ordinis Leopoldini et Toscanensis S. Josephi, in Senatum
Imperii Austr. et in Comitia Provincialia Salisburg. ac
Tirol. ab Imperatore adscitus, Theologiae Doctor, Dogma-
ticae Professor emer.
Natus Sevacii in Tiroli XXIV. Oct. Anni MDCCCCVI,
Episcopus per XXVI Annos, Antistes pius, prudens,
sedulus, cujus Memoria in Benedictione erit.
Obdormivit in Domino IV. Aprilis MDCCCLXXVI.

R. I. P